幼儿园课程资源
开 发 与 利 用 丛书

丛书主编　　钱月琴

弄　堂

主　编　吴小勤　侯　丽　周莉莉　张　艳

苏州大学出版社

图书在版编目(CIP)数据

幼儿园课程资源开发与利用丛书. 弄堂／钱月琴主编；吴小勤等分册主编. －－苏州：苏州大学出版社，2023.7
　ISBN 978－7－5672－4415－3

Ⅰ. ①幼… Ⅱ. ①钱… ②吴… Ⅲ. ①学前教育－教学参考资料 Ⅳ. ①G613

中国国家版本馆 CIP 数据核字(2023)第 098783 号

书　　名	弄　堂 LONGTANG
主　　编	吴小勤　侯　丽　周莉莉　张　艳
责任编辑	谢金海
策　　划	谢金海
出版发行	苏州大学出版社(Soochow University Press)
社　　址	苏州市十梓街 1 号　邮编：215006
印　　刷	苏州市古得堡数码印刷有限公司
邮购热线	0512-67480030
销售热线	0512-67481020
开　　本	889 mm×1 194 mm　1/20　印张：6　字数：119 千
版　　次	2023 年 7 月第 1 版
印　　次	2023 年 7 月第 1 次印刷
书　　号	ISBN 978－7－5672－4415－3
定　　价	58.00 元

若有印装错误，本社负责调换
苏州大学出版社营销部　电话：0512－67481020
苏州大学出版社网址　http：//www.sudapress.com
苏州大学出版社邮箱　sdcbs@suda.edu.cn

"幼儿园课程资源开发与利用丛书"
编委会

顾　问　张春霞

主　任　季小峰

副主任　周　萍　顾忆红

编　委　（按姓氏笔画排序）

　　　　王亚红　王惠芬　吕淑萍　朱　静　孙文侃
　　　　吴小勤　沈　红　沈方勤　沈艳凤　张　琼
　　　　张利妹　陈小平　陈秋英　胡　娟　莫美华
　　　　钱明娟　徐　桢　徐国芬

序

  吴江区高度重视学前教育的发展。长期以来，吴江区学前教育工作者注重抓内涵、提质量，在幼儿园课程建设方面做了很多扎实有效的工作。

  江苏省实施课程游戏化项目以来，吴江区学前教育工作者努力进行课程游戏化的区域推进，为课程游戏化提供了示范，吴江区涌现出了许多高质量课程建设的典型。尤其是在资源深度挖掘和利用方面，很多幼儿园强化课程意识和资源意识，增强目标意识和效率意识，深入挖掘和利用本地课程资源，努力将资源优势转化为经验优势，形成了课程资源开发和利用的吴江经验。

  吴江是一个具有深厚文化历史底蕴的地方，名人、遗迹、名胜不胜枚举，具有鲜明江南特色的古镇和村落，丰厚肥沃的土地，孕育了万千生命和厚重的文化。对于如何挖掘和利用吴江的自然与文化资源，吴江的老师们进行了积极的探索和创新。他们从幼儿身心发展规律出发，深入分析本地各类资源对儿童发展的价值，形成了一系列资源开发和利用的途径与策略，让幼儿在多样化的活动中感受文化、体验文化、表达文化、理解文化和创新文化。丰富的幼儿园课程内容，充实了儿童的生活，增进了儿童的体验和情感，增强了儿童的操作和表现能力。

  这套丛书是吴江区各幼儿园从不同的资源出发，深入研究儿童的需要和兴趣，系统开展多种形式的活动，充分利用儿童的多种感官，有效促进儿童对文化的了解、理解和表达，不断丰富和充实儿童经验的实践成果。相信这套丛书一定能给幼儿园课程建设提供有益的经验和启示，一定能为学前教育质量的提升做出贡献。

南京师范大学教育科学学院教授、博士生导师

2023 年 5 月

莼鲈之香正十年

　　秋风斜阳鲈正肥，扁舟系岸不忍去。

　　吴江位于苏浙沪两省一市的地理交界处，是"鱼米之乡""丝绸之府"，有古镇、蚕桑、运河……历史悠久，资源丰富。

　　十余年来，吴江学前教育坚持以"贯彻落实《3—6岁儿童学习与发展指南》精神，开展幼儿园生活化游戏化课程建设"为抓手，区域性全面推进、全类覆盖、全员参与课程游戏化项目区实践。"区域推进不是要求区域统一，本质是让幼儿园各尽其能，充分调动每一位教师的专业才智，充分利用一切空间和资源，最大限度地发挥对儿童发展的支持和促进作用，从而提升教育质量。"（虞永平）十余年间，吴江幼教人通过改造环境、优化课程、专家引领、提升师资、追随儿童、科学评价等策略，营造了良好的学前教育生态，从"幼有所育"走向"幼有优育"。

　　吴江区各幼儿园从资源入手积极探索"资源—活动—经验"的实践路径，通过梳理、分析本园资源，建构课程资源地图，制作课程资源清单，开展多样化教育活动，尝试建设适合本园的课程，积累了大量的一手资料，于是就有了这套"幼儿园课程资源开发与利用丛书"。

　　本套丛书不仅是吴江区各幼儿园在课程建设中开发利用本园周围的资源，开拓儿童课程源泉，促进儿童全面发展的生动实例，还是凝聚着全区"学前教育发展共同体"踔厉奋发、笃行不怠的成长足迹和探究精神的宝贵财富。在这套丛书里，你可能会看到因为年轻而存在的稚气，但更会看到因为年轻而勃发的对教育的追求和活力。

  本套丛书有以下三个特点：一是实践性，每类资源的开发和活动的组织都是幼儿园实践过的；二是操作性，幼儿园提供了某资源开发和利用的理念、路径、方法和具体的活动，可以为同行提供范例和借鉴；三是普适性，这套丛书涉及的资源都是日常生活中普遍存在的、与幼儿生活密切相关的。本套丛书共有十三个分册，每个分册都是从资源介绍、开发理念、资源清单、基本路径、活动列举、课程计划、方案设计、活动叙事八个方面来编写的。虽然这些都是一线教师的实践积累，但在理念上可能尚有偏颇，在实践中可能存在需要改进的地方，不足之处敬请专家和同行提出宝贵意见，以便让这套书不断完善。

  十年磨一剑，蓄势再扬帆。在未来十年，乃至更长一段时间，吴江区学前教育会继续与时俱进，勇立潮头，办出更多老百姓家门口的高质量幼儿园。

丛书编委会
2023 年 5 月

目 录

资源介绍 /1

开发理念 /2

资源清单 /5

基本路径 /9

活动列举 /12

课程计划
　　学期课程计划 /17
　　主题活动计划 /19

方案设计

主题活动方案 /23

弄堂迷宫（中班）/23

一、参观活动　幼儿园在九曲弄 /23
二、参观活动　走弄堂 /25
三、集体活动　弄堂名字 /26
四、参观活动　初辨弄堂方位 /28
五、区域活动　弄堂里的所见所闻 /30
六、集体活动　认识地图 /31
七、集体活动　弄堂地图 /32
八、小组活动　标注地图 /34
九、集体活动　俯瞰弄堂 /36
十、集体活动　说说迷宫 /37
十一、小组活动　弄堂迷宫大讨论 /39
十二、区域活动　设计标志 /40
十三、小组活动　布置迷宫 /42
十四、小组活动　走迷宫 /43
十五、小组活动　迷宫大搬家 /45
十六、收集活动　收集迷宫材料 /46
十七、区域活动　设计迷宫 /47
十八、户外活动　搭建迷宫 /49
十九、户外活动　玩转迷宫 /51

系列活动方案 /52

弄堂骑行（大班） /52

一、调查活动　寻一寻——周围有哪些弄堂？ /53
二、实践活动　量一量——我的小车能通过吗？ /54
三、实践活动　画一画——绘制骑行地图 /56
四、实践活动　辨一辨——指南针协助画地图 /59
五、集体活动　规划骑行路线 /60
六、区域活动　我为骑行做准备 /62
七、实践活动　行——我是弄堂小骑手 /64
八、区域活动　享——险趣的骑行经历 /66

走，去弄堂找风啦！（大班） /68

一、集体活动　弄堂里真凉快 /68
二、调查活动　弄堂地形 /69
三、区域活动　绘制弄堂地形图 /71
四、集体活动　制订找风计划 /72
五、生活环节渗透　适宜的找风工具 /73
六、区域活动　设计测风记录表 /75
七、调查活动　弄堂哪里的风最大？ /77

单个活动方案 /78

一、集体活动　弄堂里的漏花窗（大班） /78
二、实践活动　弄堂里的植物（中班） /81
三、实践活动　九曲弄弯弯（小班） /82

活动叙事

弄堂符号（大班） /87
弄堂搬进幼儿园（大班） /91
弄堂弯弯乐（小班） /99

后　记　　/111

资源介绍

什么是弄堂？

北有胡同，南有弄堂。明代祝允明所著的《前闻记》中解释说："今人呼屋下小巷为弄。"弄堂，即小巷，是江南地区特有的一种民居形式，是江南小镇的构成元素，它犹如一根根丝线，串联着千家万户，烙印在千千万万小镇居民的生活中。弄堂，反映的是本地区最为民间、最为本土的形象与韵味，透露着岁月的从容、生活的烟火气，也承载着历史，积蓄着文化。

弄堂里有什么？

吴江区隶属江苏省苏州市，地处江南，自清代至民国，产生了不少依街而生、依桥而建的弄堂，它们曾经与千千万万吴江人的生活密不可分。橹公摇着小船送人们上班，老先生穿戴讲究地在河边喝茶，女儿在屋前给年迈的母亲洗头，邻居们在一起洗衣、做饭、晒太阳……

弄堂里随处可见亲密温暖的邻里关系。至今，仍有很多古镇保留着原生态的弄堂，如芦墟古镇所依傍的西中街上的九曲弄、平安弄、史家弄……，盛泽的七十二条半弄等。无论是过去还是现在，从弄堂里穿过，各种作坊叮叮当当的敲打声、邻里间的谈笑声、从窗户里间或传来的鸡鸣犬吠声，还有那美食小吃的香气，都融入了弄堂斑驳的岁月里，形成了极富江南地方色彩的生活情韵。

弄堂能为儿童带来些什么？

弄堂里蕴含着丰富的课程资源：纵横交错的里弄、历史悠久的屋舍、精致典雅的庭院、排列有序的砖墙、长满苔藓的角落、寻常人家的生活、独特有趣的弄堂游戏……对于孩子们来说，弄堂像一个巨大的迷宫，弄堂里有什么？为什么叫这个名字？住着什么人？发生过什么有趣的事？这些都是他们想要了解的。走进弄堂、探索弄堂，既能让他们感受弄堂这一江南地域特有资源的魅力，去追寻文化的根，也能通过对比感知家乡的变化与发展，萌发爱家乡、爱祖国的美好情感。

开发理念

《幼儿园教育指导纲要》（以下简称《纲要》）中指出：幼儿园教育改革应注重开发蕴含本土文化的课程，应对幼儿进行本土文化的启蒙教育。对于江南小镇的儿童而言，弄堂这一古镇元素，蕴含着丰富的课程资源，具有独特的课程价值，它既能拓宽儿童生长的边界，也能让他们主动追寻文化的根。将弄堂资源融入幼儿园的教育教学活动，能帮我们打开课程实施的思路，也让我们的园本课程构建更具有烟火气。

根植文化的土壤

"一方水土养一方人",不同的地域有着不同的历史与文化。即使在各方面都飞速发展的今天,地方文化依然塑造了不同地域人们的生活和成长形态。儿童的生活世界必然有着特定的地方文化特点和内涵。弄堂资源的开发和利用,既扎根于儿童所生长的本土生活,又真正关注儿童的生活经验和精神世界。

 打通围墙的边界

幼儿园的教育应该是生活化的,生活是具体的,是可以感知的。儿童的发展依赖其生存和生活的环境,因此,我们所开展的教育活动要切实扎根于儿童所生长的真实生活环境。弄堂资源正是很好地利用了周边的环境,打通了幼儿园围墙的边界,体现了空间的开放,让儿童的学习不止于园内,而是穿越幼儿园的围墙,在生活中学习,落实"生活即教育"的理念。

 体现真实的情境

当代教育心理学指出,要在一个拟真的知识情境脉络中让学习者理解知识,即在实习场中学习。弄堂就是一个真实的、开放的、动态的、关联的实习场,蕴含着儿童需要的知识、技能和情感,让儿童在与环境的互动中主动建构知识与经验。在这样的情境中,儿童的探究能力、创造能力及自主解决问题的能力可以得到适宜性发展。

 顺应儿童的兴趣

兴趣是儿童学习的内驱力。弄堂本身就像一座迷宫,当孩子们穿行其中时,总会被它弯弯绕绕的小路所吸引,他们想要弄清楚弄堂的尽头是什么,出口在哪里,等等。同时,弄堂里蕴含着多种多样的教育资源:古宅、飞檐、漏花窗、苔藓……孩子们对此都充满着好奇、兴趣和疑问。儿童感

兴趣的问题能推动他们的学习充满动力且不断持续。弄堂资源的开发和利用,尊重了儿童的兴趣,满足了他们的需要,支持儿童在弄堂里不断探索、发现、质疑、求知,在兴趣的驱动下让学习往更深、更广的方向发展。

 突显儿童的地位

儿童有自己的独立人格和权利,是天生的学习者,是主动的、开放的学习者。儿童通过主动学习来了解和认识周围环境及世界,同时,又通过不同的形式表达自己对周围环境和世界的认知。

在弄堂资源的开发与利用过程中,我们凸显儿童的主体地位,让他们主动探索弄堂,如参观、调查、访问等,大胆、多样化地表达自己的认识和感受。教师和家长在此过程中为幼儿的发展提供适宜的"鹰架"。

在弄堂里,孩子们穿梭、探索、调查、记录……体验着弄堂里的日常生活,感受着弄堂里的历史文化。通过弄堂资源的开发和利用,孩子们充分领略到江南文化的广度和深度,了解到家乡的变化与发展,这促进了他们良好的个性品质的形成和身心全面和谐的发展,让他们萌发了爱祖国、爱家乡的情感,进一步联结起对家园、社区的情谊。

弄堂,拓宽了儿童生长的边界,也让我们的课程充满了烟火气……

资源清单

弄堂，是小镇的毛细血管，联结着千家万户的生活，反映的是本地区最贴近民间、最贴近本土的形象与韵味，承载着历史，积蓄着文化，是解读民俗风情的文化之匙。那么，弄堂里究竟有哪些资源？哪些适合被我们开发和利用，并转换为适宜的课程资源？又如何绘制弄堂资源地图？

老师的准备

坐下来谈谈

什么是弄堂？幼儿园周边有哪些弄堂？这些都是基础知识，但是受年龄、地域文化等方面的限制，老师们对于弄堂的认知水平参差不齐，因此，首先要提高老师们自身对弄堂的认知水平。我们首先通过网络查询、经验分享、专题讲座等方式梳理了弄堂及幼儿园周边弄堂的基本知识和信息，然后向全园教师进行普及。

走出去看看

弄堂里有些什么？哪些资源可以转化为能服务于幼儿学习与发展的课程资源？实地走访能丰富教师的经验，可以在实践中用专业的眼光来审视和分析资源的价值。幼儿园周边的弄堂蜿蜒曲折，明弄、暗弄、老房子、漏花窗、老木门、青砖围墙、老虎窗、小院、苔藓类植物……老师们通过探访来对弄堂里的资源进行现场调查、拍照、记录，以此来了解弄堂的特性及弄堂里的人、事、物；同时边走边绘制以幼儿园为中心的周边弄堂地图，从而掌握各条弄堂的地理方位。回园后，再一起对弄堂里的资源进行分类和分析，列出资源清单，同时对一些未知的知识，如江南老房子的信息、

弄堂里的植物等进行查阅，不断丰富知识。

儿童的全参与

儿童是活动的主体，观察和聆听幼儿对弄堂的了解及他们感兴趣的话题，发现他们的想法、意图、理解和误解，是绘制资源地图前先要进行的思考。我们的做法包括以下几个方面：

聊聊弄堂

和幼儿聊聊关于弄堂的话题，了解他们已有的经验。

穿穿弄堂

带领幼儿穿弄堂，聆听孩子感兴趣的话题，如：弄堂像迷宫一样，究竟有多少条呢？弄堂里除了老房子，还有哪些古老的东西？为什么弄堂的围墙、屋顶、地面缝隙里都会长出植物？等等。我们分析他们关注的焦点、想要探索的话题、可能获得的发展，站在儿童立场将资源清单再次进行梳理和调整，使之转化为可以走向活动与经验的课程资源。

画画弄堂

弄堂资源地图的绘制是一个动态的过程，它需要儿童对弄堂进行了解、体验和探索，因此，在孩子们感兴趣的前提下，我们带领他们一次次走进弄堂，在弄堂里参观、访问、调查、探究，支持孩子通过各种方式进行表征，表达对弄堂的认识和理解。

迷宫一样的弄堂，成了孩子们探索的天堂，给他们带来了惊喜，带来了无穷的乐趣。在一次次的实践和深度学习中，孩子们对弄堂的地理方位、历史人文等都有了不同程度的认识和理解。在此基础上，他们和老师共同合作，绘制出了幼儿园周边 3 km 的弄堂资源地图。弄堂资源地图的绘制过程，既充实了孩子们的生活，也拓宽了他们成长的路径。

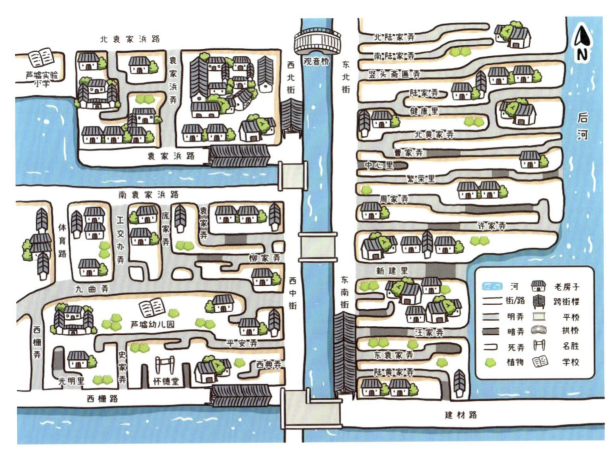

弄堂资源地图

弄堂资源一览表

概述	弄堂,可粗分为明弄和暗弄。明弄为两边住宅相间而成,是居民进出之通道,如九曲弄、平安弄等,除冠某某弄外,还有称"里""湾",如团结里、轿子湾等。暗弄为大宅内边弄,也称备弄、陪弄,平时大宅内人进出之门,常以主人姓氏称,如陈家备弄、黄家备弄等。还有一些半明半暗弄,如袁家弄等。按规模可分为长弄、中弄、短弄。此外还有一些弄堂只有一个通道口,俗称为"死弄堂",如芦墟的西典弄等									
数量	91 条								
距离	0.5 km 以内			0.5~1 km			1~3 km		
	14 条			49 条			28 条		
结构	长 短			宽 窄			明 暗		
	10 m 以内	10~50 m	50~100 m	1 m 以内	1~2 m	2 m 以上	明弄	暗弄	半明半暗弄
	5 条	34 条	52 条	17 条	69 条	5 条	61 条	23 条	7 条
游戏	一般为传统民间游戏,如躲猫猫、跳皮筋、跳房子、蹦格子、冰冻烊特、甩拍子、刮片子、打弹子、滚铁环、丢沙包、拍洋片、一二三木头人、斗鸡、抬轿子、挑线板、抽陀螺、挑游戏棒、扯铃子、丢手绢、斗蟋蟀、官兵捉强盗、轧忙忙、抄蚬子……									
故事	**九曲弄**　因狭长曲折(三弯九曲)而得名,弄内有柳家墙门,1937年日寇得知弄内主人与柳亚子是至亲后,随即将整幢墙门化为平地。现在的九曲弄东至西中街西至体育路。 　　**袁家弄**　弄内有"俭以堂",为清代中期老宅,相传名人袁了凡曾居住在这里。弄内建筑群保存基本完好,住有袁了凡的后裔,其曾祖为袁菊泉。 　　**平安弄**　原有张氏儿科医生颇为出名,故名平安弄。 　　**西典弄**　史家弄西边有个典当铺,直通西典弄,名称也由此而来。 　　……									

基本路径

经历，是美好的开始。 我们的幼儿园坐落于九曲弄48号，是一座弄堂里的幼儿园。孩子们每天穿梭于弄堂间，从附近的社区来到幼儿园，他们自然而然地感受着弄堂的蜿蜒曲折，欣赏着弄堂里的动植物，发现着弄堂墙壁上与众不同的窗户、符号……而这一切都在潜移默化中为孩子们留下了一道小小的印记。此时，只要老师、同伴、家长与孩子进行思维的碰撞就能迸发出精彩的火花。因此，我们常常与孩子们谈论他们经历的弄堂趣闻，也会带着他们去走走弄堂，关注他们感兴趣的话题、了解他们已有的经验、明确他们探究和发展的需要。

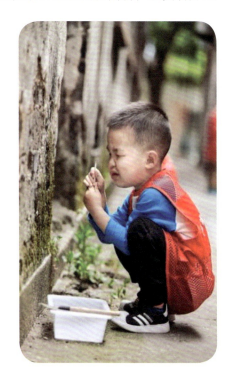

计划，定研究的方向。 在和孩子们的讨论中，我们发现，他们对弄堂的好奇感越来越聚焦，他们聚焦于弄堂的结构特点：为什么有的弄堂宽、有的弄堂窄？有的明、有的暗？聚焦于弄堂里古老的建筑：漏花窗、飞檐、花灯……聚焦于弄堂的历史：九曲弄过去真的有九个曲吗？为什么现在没有九个曲？聚焦于弄堂里的人文：弄堂里传唱多年的童谣、山歌，弄堂里人们的生活习俗……聚焦于弄堂里的生命：那些屋前瓦上奋力生长的小植物和墙面上彰显岁月的青苔……每一个发现都是那么有意义，值得展开深入的了解与探究。因此，我们会追随孩子的兴趣展开讨论，聚焦某个话题制订相应的研究计划，以此来引导幼儿更加明确自己探究的方向。

行走，能深入地了解。 每一个计划的实施都离不开孩子们一次次深入弄堂参观走访。在一次次

的走访观察中，我们发现：走进弄堂后，孩子们能够看到的信息集聚于弄堂里的人、事、物，如住在弄堂里的家人、朋友和名人，孩子们可以了解人们是怎样生活的、发生过哪些趣事、有什么历史故事，还可以观察到弄堂的地形、弄堂里与众不同的建筑、自然生长的植物、自由自在的动物……围绕这些人、事、物，孩子们展开探究，并向更深层面推进，展开形式多样的活动。例如：测量弄堂的宽窄、长短，感受弄堂的特点；对弄堂里发现的老房子、符号进行写生；围绕弄堂里的人、事、物展开调查访问；统计弄堂的数量、发现门牌号的特点、感知墙壁上砖瓦的排列规律；开展打扫、宣传、帮助弄堂里居住的老人等义工行动，让弄堂变得更美。

游戏，是有趣的迁移。我们希望孩子的探究不局限于单一的探究，尝试将游戏精神融入其中。因此，我们常常借助游戏的形式来推进幼儿对于弄堂的探索。例如，六一儿童节时，我们在弄堂里开展"弄堂寻宝"的亲子游戏，并且将躲猫猫、滚铁环等民间游戏融入其中；也会借助弄堂蜿蜒曲折的地理位置开展"弄堂骑行""弄堂弯弯乐""弄堂迷宫"等浸入式的现代游戏……孩子们因探究弄堂发起游戏，在游戏准备中分享探究经验，在弄堂游戏中体验快乐。同时，我们还会将弄堂经验搬进校园内：孩子们在园内模仿弄堂里的买卖声，表演弄堂里的童谣，如小导游般讲述弄堂的历史传说，在沙水王国里重建弯弯曲曲的弄堂；他们还在幼儿园里搭建出心中的老房子和弄堂，让小班的弟弟妹妹们不出幼儿园就能感受到在弄堂里穿梭的快乐。

经过多年实践与总结，我们梳理出了"制订计划—走弄堂—分享—幼儿园里的弄堂游戏"这样一条借助弄堂资源、以幼儿经历为主的、循环往复相互渗透的游戏化课程实施路径。

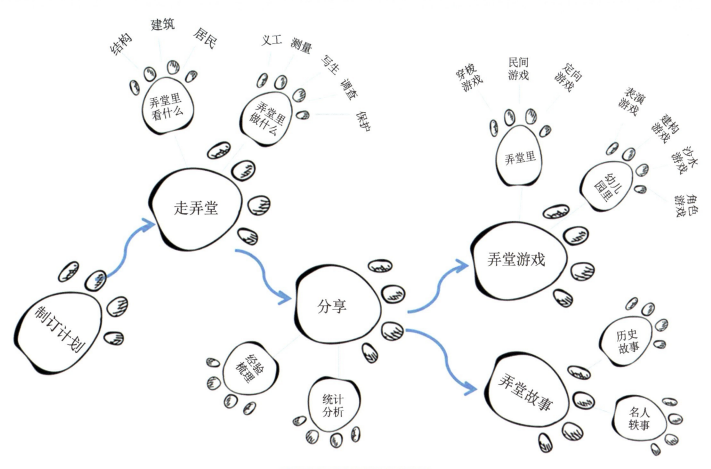

弄堂资源可引发活动的路径图

注：路径并不是固定或唯一的，孩子们在弄堂里的探索从哪里开始到哪里结束，其决定权始终掌握在孩子与老师的手中。

活动列举

在弄堂里,儿童关注的事情很多,产生的问题也很多。究竟什么样的内容可以作为适宜的课程(活动)生长点呢?这需要教师对幼儿感兴趣的话题进行观察、捕捉、分析和判断。依据《3—6岁儿童学习与发展指南》(以下简称《指南》),我们从儿童的已有经验和兴趣需求出发,以满足幼儿需要和符合幼儿发展需求为前提,通过主题活动、系列活动、单个活动等方式鼓励孩子与弄堂展开互动,在亲历中获得自主成长。

主题活动 是指幼儿围绕弄堂或弄堂里某一感兴趣的话题进行自主观察、探索,教师适时、适度地予以支持和引导的一种课程形态。它一般是基于全班幼儿的学习特点进行预设和生成的活动,持续的时间大多为3~4周,其特点是有核心,有主体性、连续性和发展性,每一个主题需要确立主题目标、内容,呈现主题实施网络,关注儿童发展的全面性和系统性,并规划主题环境、教学活动、区域活动、生活活动、家园联系等。

系列活动 在弄堂里,儿童感兴趣的话题有时比较微小,它对当下发展比较有意义却构成不了主题,因此,我们通过系列活动的方式让幼儿与弄堂进行互动。系列活动可以独立存在,也可以渗透在主题活动中,需要从儿童出发,立足儿童需求,链接《指南》中各年龄段儿童发展目标。与主题活动不同的是,系列活动话题的立足点比较聚焦,持续的时间相对较短,活动的主体既可以是全班幼儿,也可以是部分或个别幼儿。

单个活动 单个活动是指通过一次活动,如教学活动、区域活动、生活活动等解决问题的活动形式,如弄堂里的一些童谣欣赏活动,可以根据儿童的兴趣和需要,通过一次集体活动、区域活动或小组活动来开展。单个活动与系列活动、主题活动存在着不可分割的密切联系,有些主题活动和系列活动由单个活动引发,而大部分单个活动是渗透在主题活动或系列活动中的。

弄堂部分资源活动列表

活动类别与名称	领域	关键经验	年龄班	实施途径			运动	实践
				教学	区域	生活环节		
主题 / 弄堂符号（18）	艺术、科学、语言	1. 初步了解弄堂的历史和文化，寻找弄堂中的风景名胜、著名建筑及有特点的事物。 2. 尝试设计弄堂符号，在丰富弄堂地图的同时对弄堂有更深的了解，激发对家乡的热爱。 3. 愿意大胆地向弟弟妹妹们介绍弄堂及弄堂符号，介绍时有序、连贯，语言比较生动。 4. 关注弄堂标志、建筑等的色彩、形态等特征	大班	集体活动、小组活动、个别活动	美工区、科学区		户外活动、散步环节	参观、写生、调查
主题 / 弄堂志愿者（16）	社会、语言	1. 调查弄堂里住着哪些人，能有礼貌地结合想了解的问题进行访问。 2. 积极参加志愿者活动，为弄堂里的人提供帮助。 3. 在志愿者活动中能主动承担任务，遇到困难能够与同伴协商解决	大班	集体活动、小组活动、个别活动	美工区、科学区			调查、参观、宣传
主题 / 弄堂迷宫（19）	科学、社会	1. 通过观察、实地走访等方式读懂弄堂地图，感知弄堂具有地形弯绕、四通八达的特征。 2. 喜欢与他人讨论关于弄堂迷宫游戏的话题。 3. 尝试用图画及符号绘制想玩的弄堂迷宫图。 4. 开展弄堂迷宫游戏，在游戏中与同伴合作，敢于探究和尝试，乐于想象和创造	中班	集体活动、小组活动、个别活动	美工区、建构区			参观、调查
主题 / 弄堂弯弯乐（13）	科学、健康	1. 能够在亲身体验中注意到弄堂弯弯曲曲的特点。 2. 能用自己的语言描述穿弄堂的感受。 3. 初步感知幼儿园周边弄堂的空间位置，体验弄堂弯弯乐游戏的乐趣。 4. 喜欢穿弄堂，并能在弄堂里行走 1 km 左右	小班	集体活动、小组活动、个别活动	美工区			参观、调查

续表

活动类别与名称		领域	关键经验	年龄班	实施途径			运动	实践
					教学	区域	生活环节		
系列	弄堂骑行（8）	健康、科学	1. 调查了解弄堂里的交通，通过多种方式设计弄堂骑行活动。 2. 在使用指南针辨别方向的过程中，感知幼儿园及其周边几条弄堂的地理方位。 3. 在骑行中感受弄堂的文化	大班	集体活动、小组活动、个别活动	科学区、美工区			参观、调查
	弄堂搬进幼儿园（10）	科学、社会	1. 在建构弄堂的过程中与同伴合作，遇到困难协商解决。 2. 能发现盒子简单的排列规律，并在建构弄堂的过程中尝试创造新的排列规律	大班	集体活动、小组活动、个别活动	建构区			
	宽窄弄堂（6）	科学、社会	1. 用多种方法和工具测量比较弄堂的宽窄，初步了解测量的工具和统一的单位标准。 2. 喜欢参与测量活动，乐意用测量的方法解决弄堂宽窄问题	大班	集体活动、小组活动、个别活动	美工区、科学区			参观、测量
	弄堂花纹（5）	艺术、科学	1. 积极投入到发现弄堂美的活动中，喜欢寻找弄堂里的纹样和图案。 2. 初步感知弄堂中纹样的造型、色彩和构图等特征，并产生相应的情感与想象	中班	集体活动、小组活动、个别活动	美工区		户外活动、散步环节	参观、调查
	阴暗处的植物（4）	科学、社会	1. 感知植物的多样性和独特性，能觉察到弄堂阴暗处植物的外形特征、习性与环境的适应关系。 2. 愿意与同伴共同种植一些喜阴植物，在养殖和照顾植物的过程中，分工合作，遇到困难能坚持	中班	集体活动、小组活动、个别活动	种植区		散步环节	
	老房子探秘（5）	科学、艺术	1. 能用简单的记录表、统计图等表示弄堂与老房子的数量关系。 2. 在实践中欣赏并描述老建筑的特点及老房子改造前后的变化	中班	集体活动、小组活动、个别活动	美工区			参观、调查、写生
	走，去弄堂找风啦	科学、社会	1. 喜欢探索弄堂风，能发现弄堂风的明显特征。 2. 能在成人帮助下寻找各种找风工具，并积极参与弄堂找风活动	小班	集体活动、小组活动、个别活动				参观、调查
	弄堂躲猫猫（4）	健康、社会	1. 愿意与同伴一起寻找弄堂里适合躲猫猫的地点。 2. 尝试合作制定游戏规则。 3. 根据自己的兴趣选择喜欢的游戏角色，能在游戏时大胆表达自己的需求和想法	小班	集体活动、小组活动、个别活动				调查

续表

活动类别与名称		领域	关 键 经 验	年龄班	实施途径			运动	实践
					教学	区域	生活环节		
	神秘的"黑"弄堂（3）	科学、艺术	1. 能在穿弄堂的过程中发现弄堂的基本特征，分辨"白"弄堂与"黑"弄堂。 2. 在寻找"黑"弄堂的过程中初步感知"黑"弄堂与"白"弄堂的不同之处，并尝试用简单的线条和色彩画出"黑"弄堂	小班	集体活动、小组活动、个别活动	美工区			调查
	弄堂里的漏花窗	艺术	1. 通过欣赏、认识漏花窗，感受漏花窗的形状特点与图案的对称美。 2. 在设计与创作中表现自己喜欢的漏花窗，体验中式文化美	大班	集体活动				
	水墨弄堂	艺术	1. 欣赏弄堂，感受弄堂的地形、建筑及色彩特点。 2. 尝试用水墨画的方式表达自己对弄堂的感受，体现弄堂的朴素美	大班	集体活动				写生
	围墙的秘密	科学	1. 发现弄堂里围墙上砖块的不同排列组合，描述其排列顺序和位置。 2. 尝试用简单的记录表记录围墙上砖块的排列形式及数量	大班	小组活动				参观
单	弄堂里的门牌号	科学	1. 调查并能用数字、图画等方式记录弄堂里的门牌号。 2. 发现弄堂里门牌号的排列规律，并用简单的统计表表示门牌号的数量关系	大班	小组活动				参观
个	弄堂名字背后的故事	社会	1. 活动前通过小组讨论，制订明确的探寻计划，了解本次探寻的目标弄堂。 2. 利用图书、网络等资源，提前了解该弄堂的前世今生，为探寻做好准备。 3. 大胆采访弄堂中的居民，通过有针对性的问题获取关于弄堂名字背后的秘密	大班	小组活动				调查
	有趣的门牌号	社会	1. 能够利用地图明确不同地点的具体位置，感知地图在实际生活中的运用。 2. 能用多种工具、材料或不同的表现手法表达自己对标志的感受和想法。 3. 能够和同伴分工合作，体会合作的乐趣	中班					调查
	小弄堂里的大"名"堂	社会	1. 能感受到家乡的发展变化并为此感到高兴。 2. 对生活中的文字感兴趣，知道文字表示一定的意义。 3. 能根据名字的线索猜想故事情节或创编故事	中班					参观、调查

15

续表

活动类别与名　称		领域	关　键　经　验	年龄班	实施途径			运动	实践
					教学	区域	生活环节		
单个	弄堂里的植物	科学	1. 能用简单的符号和图画表达自己所找到的植物的位置和方向并进行记录。 2. 能察觉到植物的外形特征与生存环境的适应关系	中班					调查
	笃笃笃，卖糖粥	语言	1. 欣赏童谣，感知童谣的趣味性和韵律美。 2. 在情境中学习并喜欢表演弄堂童谣	小班	集体活动				
	穿弄堂	健康	1. 愿意和同伴一起穿幼儿园周边的弄堂，感受弄堂的蜿蜒曲折，体验穿弄堂的乐趣。 2. 能在弄堂里行走 1 km 左右	小班					参观
	弄堂弯弯	科学	1. 通过观察和动手操作，能手口一致地点数目 5 以内的弄堂弯弯，并说出总数。 2. 积极参加数弄堂弯弯的活动，体验生活中数弯弯数学游戏的快乐	小班	集体活动				

注：括号内的数字表示活动的个数。

课程计划

弄堂幼儿园里的孩子对于弄堂资源是很熟悉的，他们每天都会接触弄堂，自然会感到非常亲切，容易接受。弄堂，在无形中融入了孩子们的日常生活，因此，与之相关的话题也成了他们浅层、朦胧却又发自内心的需求，只要教师有意识地加以调动，孩子们情感的闸门就会自然而然地打开。本园经过多年的探索与实践，结合各年龄段幼儿的年龄特点、兴趣喜好、实际需要，将弄堂资源进行多角度梳理和价值判断后，选取具有育人价值和可持续性社会发展功能的内容纳入课程计划。

弄堂资源进入课程的方式分为生成性开发和网状渗透。生成性开发是依据《指南》精神，将一些以儿童兴趣生成的主题经过反复审议和论证后，形成相对稳定的主题方案纳入园本课程，使幼儿在与弄堂资源的互动中所获得的经验是持续的、递进的；网状渗透是指将弄堂资源像一张网一样有机地渗透在课程计划的各个主题中，渗透的方式可能是系列活动，也可能是一次实践活动、区域活动或者是集体活动等，使幼儿基于弄堂资源所获得的经验是系统的、全面的。

学期课程计划

学期课程计划一览表1

年度 2021—2022　　　学期 一　　　年龄班 小班　　　填表人 周莉莉

序号	主题名称	主题目标（价值分析）	主题持续时间	主要资源列举			主题来源
				自然	社会	文化	
1	我上幼儿园啦	1. 知道自己上幼儿园了，对群体活动有兴趣，逐步形成对基本常规的认识。 2. 熟悉幼儿园环境，初步了解幼儿园中成人的劳动，会有礼貌地和成人交往，会用礼貌用语	4周	幼儿园里的常见动植物	幼儿园的建筑、户外设施、工作人员、教师	/	购买的蓝本课程
2	幼儿园里的秋天	1. 用多种感官探索园内秋天的叶、花、果，发现其明显特征。 2. 用讲授、涂画、歌唱等方式表达自己的发现	4周	幼儿园里的花、叶、果	幼儿园的种植地	/	自主开发的园本课程
3	弄堂弯弯乐*	1. 逐步熟悉幼儿园周围的环境，能说出幼儿园所在街道或弄堂的名称。 2. 能够在亲身体验中注意到弄堂弯弯曲曲、宽窄变化的特点并能用自己的语言描述。 3. 喜欢用涂涂画画的方式来为游戏设计符号、标志，并能遵守游戏规则	3周	/	周边弄堂	/	自主开发的园本课程
4	红红的新年	1. 能在家长的帮助下完成"年味"种类的调查，在集体面前分享调查结果。 2. 能将调查结果以简单线条、图画的形式记录下来	4周	/	家长	年的习俗	自主开发的园本课程

注：带 * 者是利用本书所谈资源开发的活动。

学期课程计划一览表 2

年度 2021—2022　　　　学期 一　　　　年龄班 中班　　　　填表人 杨 洁

序号	主题名称	主题目标（价值分析）	主题持续时间	主要资源列举			主题来源	备注
				自然	社会	文化		
1	我升中班了	1. 知道自己是中班的小朋友，能与同伴友好相处，主动参加各项活动，体验成长的快乐。 2. 与老师一起制定班级区域规则，能学会遵守规则	2周	/	幼儿园、同伴、教师、家长	/	购买的蓝本课程	
2	秋天的小菜园	1. 喜欢谈论秋天的话题，能感知和发现秋天季节的特点，体验季节对农作物的影响。 2. 了解蚕豆等蔬菜的生长变化，并对其根、茎、叶等进行观察和探究，再进行艺术创作	3周	农田、种植地里的蔬菜	幼儿园小菜园、农田、家长、农民	/	自主开发的园本课程	
3	弄堂迷宫*	1. 以观察、实地走访等方式读懂弄堂地图，了解弄堂在地图上的具体位置。 2. 对迷宫游戏感兴趣，了解迷宫游戏的规则，尝试自己制作障碍标志、确定出入口来设计弄堂迷宫。 3. 借助弄堂迷宫的游戏经验设计迷宫图，选择合适的场地和材料在幼儿园里合作搭建迷宫	4周	幼儿园周边弄堂里的花草树木	幼儿园周边弄堂（九曲弄、工交办弄）、幼儿园周边弄堂地图	弄堂形成的历史	自主开发的园本课程	
4	我的新年我做主	1. 通过简单的调查，收集关于"新年"的习俗和传说，并与同伴互相交流分享。 2. 乐意欣赏窗花、对联、百福图，尝试制作并装饰教室	2周	/	窗花、对联	年的传说	自主开发的园本课程	

注：带 * 者是利用本书所谈资源开发的活动。

 **主题活动计划**

主题活动计划一览表1

年度 <u>2021—2022</u>　　学期 <u>一</u>　　执行日期 <u>11月1日—11月20日</u>　　年龄班 <u>小班</u>　　填表人 <u>吴小勤</u>

主题名称	持续时间	活动名称	来源	主要资源
弄堂弯弯乐*	3周	走走九曲弄	自主开发的园本课程	幼儿园门口的九曲弄
		说说九曲弄		
		九曲弄里的弯弯		
		认识弯弯		
		找弯弯		幼儿园周边的弄堂
		弄堂也有名字		周边弄堂及弄堂名字标志牌
		弄堂名字画一画		幼儿园周边弄堂及其标志性物品、场所等照片，绘画工具
		弄堂里的大弯弯和小弯弯		幼儿园周边的弄堂
		我来说（做）弯弯		幼儿
		弯弯标志画一画		绘画工具
		弯弯游戏规则议一议		游戏规则书
		认识弯弯地图		幼儿园周边地图
		弯弯闯关记录单		幼儿园周边地图及记录单、记录工具
		弯弯游戏安全我知道		弄堂安全隐患图片及各种安全标志
		亲子弯弯乐		周边弄堂、弄堂弯弯地图、家长

注：带 * 者是利用本书所谈资源开发的活动。

主题活动计划一览表 2

年度 2021—2022　　学期 一　　执行日期 11 月 1 日—11 月 26 日　　年龄班 中班　　填表人 周莉莉

主题名称	持续时间	活动名称	来源	主要资源
弄堂迷宫*	4 周	幼儿园在九曲弄	自主开发的园本课程	九曲弄、幼儿园、门牌、幼儿园周边设施及环境
		走弄堂		弄堂、居住在弄堂里的人员、弄堂里的建筑、弄堂里的生物（植物、动物）
		弄堂里的所见所闻		
		弄堂名称		幼儿园周边弄堂、幼儿园周边弄堂手绘地图、弄堂名牌照片、幼儿园周边弄堂照片及视频
		初辨弄堂方位		
		认识地图		实物地图、关于地图的书籍
		弄堂地图		幼儿园周边弄堂手绘地图、弄堂照片
		标注地图		
		俯瞰弄堂		弄堂俯瞰视频
		说说迷宫		迷宫书籍、弄堂照片、迷宫图片或图书
		弄堂迷宫大讨论		弄堂、幼儿园周边弄堂手绘地图、幼儿园周边弄堂俯拍视频或照片
		设计标志		
		布置迷宫		
		走迷宫		
		迷宫大搬家		迷宫搭建视频、弄堂地图、幼儿园户外场地
		收集迷宫材料		各类搭建材料、调查表、记录表
		设计迷宫		迷宫图片、弄堂地图、纸笔等设计材料
		初次搭建迷宫		幼儿园搭建场、搭建材料及辅助工具、弄堂迷宫设计图
		玩转迷宫		

注：带 * 者是利用本书所谈资源开发的活动。

主题活动计划一览表3

年度 2021—2022　　　学期 二　　　执行日期 3月7日—4月1日　　　年龄班 中班　　　填表人 杨 洁

主题名称	持续时间	活动名称	来源	主要资源
我的美美社区	4周	我家在社区	自主开发的园本课程	幼儿家所在的街道、镇西社区地图、家长
		走社区*		镇西社区、幼儿园周边弄堂（九曲弄、工交办弄）、镇西社区工作人员
		我了解的社区		镇西社区调查记录单、家长
		社区里的美*		镇西社区和幼儿园周边弄堂地图、班级群相册
		什么是真正的美*		社区设施：贝贝绿化公司、老干部活动中心、汾湖公园、乐龄公寓，幼儿园周边弄堂（九曲弄、工交办弄）
		留下美的好办法		记录表、家长
		记录初尝试		幼儿园
		留下社区美		镇西社区、幼儿园周边弄堂（九曲弄、工交办弄）、家长、镇西社区和幼儿园周边弄堂地图
		哪里需要变美*		
		社区寻"美"		
		×××在哪里		自制镇西社区局部地图
		社区寻访*		镇西社区、幼儿园周边弄堂*（九曲弄、工交办弄）、镇西社区工作人员
		商定美美行动计划		
		我让社区更美丽*		自制镇西社区局部地图、镇西社区、幼儿园周边弄堂（九曲弄、工交办弄）
		回顾与反思		
		调整计划再行动		
		小组汇报		

注：带*者是利用本书所谈资源开发的活动。

主题活动计划一览表 4

年度 <u>2021—2022</u>　　学期 <u>二</u>　　执行日期 <u>11月1日—11月26日</u>　　年龄班 <u>大班</u>　　填表人 <u>王菊红</u>

主题名称	持续时间	活动名称	来源	主要资源
家乡芦墟	4周	我家在芦墟	自主开发的园本课程	芦墟地图、《芦墟地方志》、相关图片及视频
		走过芦墟*		老街、弄堂、本班家长志愿者
		寻在芦墟*		老街、弄堂、拍摄工具、记录工具
		记录方式我来说		芦墟古镇的照片及视频、记录单
		我们可以怎么做		纸、笔等记录工具
		走过芦墟的大街小巷*		平安弄、九曲弄、混堂弄等弄堂；谭家桥、登云桥、观音桥等古桥；市河沿岸古建筑；本班家长志愿者；镇西社区工作人员
		我最喜欢的建筑*		市河沿岸的古建筑、河埠头；幼儿园周边的弄堂（平安弄、九曲弄）；纸笔、相机等记录工具
		再探老建筑*		
		芦墟的美食		自制芦墟美食地图；杨美英糕团店、大块头馄饨店、九曲弄饺子店、东新食品商店；调查表、记录工具
		寻味计划		杨美英糕团店、大块头馄饨店、九曲弄饺子店、东新食品商店；计划表
		寻味在行动		
		芦墟美食宝典		芦墟美食、绘画工具
		美食分享会		
		走访文化站		芦墟文化站、记录工具
		我眼中的文化站		
		唱响山歌		山歌传承人杨阿姨、文化站工作人员张莺、山歌视频

注：带 * 者是利用本书所谈资源开发的活动。

方案设计

主题活动方案

⭐ 弄堂迷宫（中班）

一、参观活动　幼儿园在九曲弄

活动缘起

幼儿每日穿过弄堂来到幼儿园，对幼儿园门前的弄堂很感兴趣，也想了解幼儿园和自己家的具体位置。

活动准备

经验准备：对自己生活的社区有一定的了解。

物质准备：幼儿园及周边地图、幼儿园门牌、幼儿园所在弄堂的照片（位置的照片）。

参观对象和内容

参观幼儿园门口的九曲弄，了解九曲弄的风貌，找到幼儿园的门牌号，知道幼儿园的具体位置。

参观前谈话

通过实地走访，参观幼儿园的大门和周围的环境，说说我们会看到什么。（幼儿园在哪里？九曲弄有些什么？门牌号是什么？）。

参观后汇总和讨论

看地图，了解幼儿园所在社区的位置。

1. 找找幼儿园的位置。

2. 找找自己家所在的区域。

3. 看看、谈谈社区更多区域。

我们幼儿园在九曲弄，属于镇西社区。

我们芦墟老镇有很多个社区，每个社区都是不同的。

活动延伸

家庭延伸：幼儿园和你家所在的社区里还会有些什么有趣的设施呢？可以放学后和爸爸妈妈一起再去找一找，明天做我们的小导游，和我们分享一下你的发现。

活动附件

二、参观活动　走弄堂

活动缘起

我们从地图上发现幼儿园周边除了门口的九曲弄，还有很多其他的弄堂，幼儿有走弄堂的意愿。

活动准备

经验准备：已经和家长走过一部分弄堂，有一定的走弄堂的经验。

物质准备：贴纸、标记、纸张、幼儿走社区过程的照片。

参观对象和内容

参观幼儿园北面的弄堂，了解这些弄堂的名称、走向以及风貌，初步感知弄堂的基本特性。

参观前谈话

1. 和幼儿一起谈谈他们走社区的情景。

你去了哪个社区？发现了什么？有没有什么有趣的体验？

小结：每一个社区里的设施与环境都不太一样。但是很多小朋友都提到了一个有趣的发现：他们在去社区的过程中都会走过一些弄堂。

2. 看地图，找一找幼儿园周边的弄堂。

讨论：什么是弄堂？弄堂都是一样的吗？我们幼儿园旁边有没有弄堂？

小结：弄堂是两排房子中间的小路，有的宽、有的窄，都是不一样的。幼儿园的旁边有很多弯弯绕绕的弄堂。

参观后汇总和讨论

幼儿园周边的弄堂都是弯来弯去的，有的宽、有的窄。弄堂里还有很多植物、漏花窗、拱门等有趣的东西，有的弄堂很黑，走进去会令人害怕；有的弄堂走不通，特别有趣。

活动延伸

区域延伸：芦墟幼儿园北面有很多条弄堂，这些弄堂的名字都是不一样的，弄堂风貌也是不同的，我们需要想个办法来记住它们。

三、集体活动　弄堂名字

活动目标

1. 愿意与他人谈论弄堂名字的话题，并能基本完整地讲述部分弄堂的完整名字。
2. 能用图画和符号绘制的方法记忆弄堂名字。

活动准备

经验准备：① 实地走访过弄堂，知道部分弄堂的名字。② 有一定的绘画技能。

物质准备：地图、纸张、勾线笔、弄堂名牌照片。

活动过程

1. 和幼儿一起回忆走过的弄堂，说一说自己看到的弄堂。

讨论：你在弄堂里看到了什么？给你留下最深刻印象的是哪一条弄堂？

2. 看照片，说说弄堂的基本信息。

（1）根据照片说说弄堂的大概位置。

（2）寻找照片中弄堂的名字。

你还记得弄堂的名字吗？从哪里能找到弄堂名字的信息？

小结：每一条弄堂都有自己的名字，弄堂里的一块蓝色牌子上会标注着弄堂的名字。

（3）说说自己记住的弄堂名字

讨论：有部分弄堂名字比较长或者比较拗口，所以可能会记不住，那么有什么办法来记忆这些弄堂名字？

3. 画一画弄堂名字。

按照弄堂数量确定组数，幼儿自由组队，并让幼儿用简单的符号根据弄堂名字进行设计。

4. 展示与分享。

请幼儿将自己的设计稿进行展示，并讲述设计理由，通过投票的方式每组选择一张设计稿。

总结：虽然我们现在还不认识文字，但是我们可以通过图画和符号进行标注，这样我们就可以很轻松地记住弄堂的名字啦。

活动延伸

家庭延伸：除了幼儿园附近的弄堂，你家附近有没有弄堂呢？可以用今天学习的方法记忆这些弄堂，也可以在幼儿园和大家分享。

活动反思

在活动开始的时候，孩子们就对弄堂话题非常感兴趣，还说了很多昨天在弄堂里看到的趣事。因为走的弄堂比较多，所以大部分孩子只能记住一两条弄堂的名字。九曲弄和工交办弄是孩子们最熟悉的，所以能说出这两条弄堂名字的孩子最多，但是柳家弄、庞家弄这些比较拗口的弄堂名字就难住了孩子们。好在孩子们非常聪明，想出了很多办法，比如把名字写下来，把名字画下来，可是怎么画呢？将孩子们根据弄堂数量分成5组，每一组设计一条弄堂的名字：九曲弄用数字9和一条曲线表示；工交办弄则是画了弄堂里的拱门和漏花窗，再加上一辆公交车来表示；袁家弄用圆圈和家表示；刘家弄用柳树和房子表示；庞家弄用螃蟹和加号表示。有了图画和符号，孩子们一下子就记住了这些弄堂的名字。

四、参观活动　初辨弄堂方位

活动缘起

幼儿已经知道了幼儿园北面的弄堂数量和名称,但是难以清楚地表述弄堂的方位。

活动准备

经验准备:幼儿玩过方位游戏,有初步的方位意识。

物质准备:绘制的幼儿园周边弄堂地图、小花、太阳贴纸(作为判断左、右的标志)。

参观对象和内容

参观幼儿园北面的弄堂,初步了解每一条弄堂的方位。

参观前谈话

看照片,说说照片中弄堂的大概位置。

讨论:

(1)这条弄堂在幼儿园的什么地方(前后、旁边)?

(2)我们用什么样的方法来辨别方位?

参观后汇总和讨论

讨论:

(1)小花标志方向的弄堂有哪些?太阳标志方向的弄堂有哪些?

(2)×××弄堂的旁边是什么弄堂?

(3)哪条弄堂离我们最近,哪一条弄堂又离我们最远?

从我们的幼儿园出发,往太阳标志方向有×××这些弄堂,往花朵标志方向有×××这些弄堂,×××方向的弄堂更多,×××弄堂最靠近幼儿园,×××弄堂距离幼儿园最远。

活动延伸

家庭延伸：利用入园、离园的时间和爸爸妈妈一起分享活动后的成果，并和爸爸妈妈一起走一走这些弄堂。

活动附件

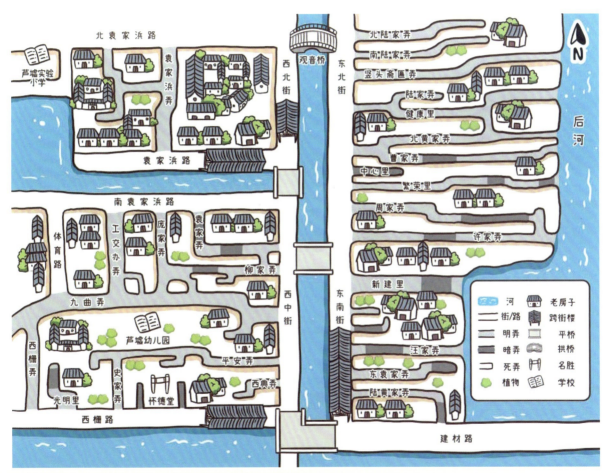

五、区域活动　弄堂里的所见所闻

经验联结

随着幼儿多次走访弄堂，他们对周边的弄堂也越来越熟悉，对弄堂中的漏花窗、植物等元素展现出兴趣。幼儿对弄堂有一定的印象，并有一定的绘画基础，通过本次活动孩子可获得的经验是能根据自己走访弄堂的体会，运用绘画的方式呈现自己在弄堂中观察到的事物。

活动目标

1. 基本完整地讲述自己在弄堂中所经历的事情和见闻。
2. 能用绘画的方式表达自己在弄堂里的所见所闻。

活动准备

经验准备：有多次走弄堂的经验，对弄堂里的事物比较熟悉。

物质准备：弄堂照片、绘画材料。

活动内容

根据自己走访弄堂的实际经历或者弄堂照片，将自己印象最深的弄堂元素绘画出来。

活动要求

1. 创作紧扣弄堂主题。
2. 创作过程中清晰绘制弄堂元素。

指导要点

指导幼儿在展示作品的时候讲述该元素属于哪一条弄堂，以及给自己留下深刻印象的原因。

活动延伸

生活延伸：我们可以想办法让更多的人去发现这些秘密。思考一下：什么东西能让我们一眼就知道这些弄堂在哪里？弄堂里有什么？

六、集体活动　认识地图

活动目标

1. 知道地图，了解地图的功能和作用。

2. 学习看地图的方法，尝试从地图上读取有用的信息。

活动准备

经验准备：有过看地图的经验。

物质准备：幼儿收集来的各类地图。

活动过程

1. 聊一聊地图，说说对地图的认识。

讨论：什么是地图？在哪儿见到过地图？地图有什么作用？

小结：地图是生活中很重要的一样工具，当我们到了不认识的地方的时候，地图就是我们的好朋友，可以为我们指引方向，也会告诉我们每条路可以通向哪里，路途中可能会经过哪些地方。

2. 看一看地图，读取地图上的有用信息。

（1）地图的种类。

讨论：我们收集到了哪些地图？

小结：地图的种类有很多，包括：地形地图、城市地图、电子地图、影像地图等。我们主要研究的是城市地图。

（2）城市地图的信息。

讨论：从地图上我们看到了什么？

小结：地图上有很多线条和颜色不一样的形状，它们都代表了不一样的含义。

（3）芦墟地图的信息。

讨论：从芦墟的地图上我们找到了什么？

小结：蓝色块状的河流湖泊、各种线条的马路、格子形状的居民小区或者商业圈。

总结：地图是我们获取地理信息的重要工具，我们要学会从地图上的标志读取有用的信息，让地图成为我们的好伙伴、好老师。

活动延伸

区域延伸：将芦墟地图、弄堂地图投放到科学区中，幼儿自行讨论、分享自己的发现。

活动反思

本次活动充分发挥了家长资源，请家长帮助孩子一起收集各种地图。家长们都非常给力，有的通过网购的方式购买地图，有的从图书馆租借地图，有的从旅游景点带回地图。通过多种收集方式，我们这次收集到了很多不同的地图，有了这些地图，可以让孩子们尽可能地看到地图的种类与功能的多样性。

活动中，孩子们一直保持着非常高的专注度。在我有目的地引导下，孩子们睁大小眼睛从地图上读取信息，他们知道了原来地图上的所有标记都是有含义的，不一样的颜色代表不一样的意思。孩子们对地图感兴趣极了。

七、集体活动 弄堂地图

活动目标：

1.喜欢探索地图，对地图上的内容感兴趣，并提出问题，寻找问题的答案。

2.能够看懂并理解弄堂地图。

活动准备

经验准备：有观察地图的经验，会从地图上读取信息。

物质准备：弄堂地图手绘图。

活动过程

1. 观察地图，感受手绘地图的特殊性。

讨论：和我们昨天看到的地图有什么不同？

小结：这副地图是画出来的，手工绘制的地图叫作手绘地图，是根据独有特色的地点勾画出的一幅带有独特味道的作品。手绘地图可以把我们需要的信息变得更加具体化、更有针对性，除了具有寻找目的地的用途之外，还融入了艺术之美。

2. 解读地图，读取弄堂地图的信息。

有针对性地和幼儿一起解读该地图，认识地图上的建筑和弄堂。

讨论：从弄堂地图上，我们看到了什么？你能获取什么信息？

在自由讨论的基础上，我们和幼儿一起有计划地认读地图，让幼儿知道地图的起始点，有目的地寻找地图上的幼儿园、标志性建筑等，有利于幼儿更加有效地使用该地图。

总结：弄堂地图上有很多信息，不能盲目读取，而应该从地图中寻找到有用的信息，知道弄堂和幼儿园在地图上的位置。

活动延伸

区域延伸：将手绘地图投放在图书区，选择该区活动的幼儿可以自行翻阅，再次解读地图。

活动反思

今天的活动由弄堂进入了课堂。老师先是拿出地图请小朋友们猜测这是什么地图，小朋友们看到城堡时很容易联想到王子和公主，老师带着小朋友们仔细观察地图，发现有一个大象滑滑梯的标志，于是孩子们知道了这是我们幼儿园和周围弄堂的地图。在谈话的过程中，孩子们又明确了我们

的起点在芦墟幼儿园,因为我们就是从幼儿园出发的。老师带着孩子们一点点回忆,观察地图上弄堂的样子,回忆这是哪一条弄堂。孩子们能够在老师的帮助下慢慢了解地图上绘制的弄堂。这次活动对于孩子们来说是一个挑战,很考验孩子们的抽象逻辑思维,不过因为前期的经验铺垫很足,虽然有的孩子会遗忘,但是也能够在提醒下回忆出地图上的弄堂。

八、小组活动　标注地图

活动目标

1. 能够带着地图在弄堂实践中表达自己的发现和收获,并能与同伴进行交流分享。

2. 在老师的帮助下,与同伴合作,根据地图方位,寻找弄堂。

3. 通过实地走访确定弄堂在地图上的具体位置,并将设计好的弄堂名字标志贴在地图上。

活动准备

经验准备:前期对弄堂的名称有所了解。

物质准备:弄堂地图手绘图,制作弄堂名字标志的材料。

活动过程

1. 观察手绘地图,说说地图上缺失的部分。

小结:地图上缺失了弄堂的名称。

2. 与幼儿一起商量标注弄堂名字的方法。

(1)标注方式。

两种方式:粘贴和绘画。

(2)收集材料。

讨论:在标注过程中可能用到什么材料?

从美工区收集相应材料。

（3）自由分组。

3.带着地图找弄堂，标注弄堂名字

再次走访各弄堂，将弄堂与手绘地图对照，寻找对应的位置，用两种不同方式标注地图。

总结：两种不一样的标注方式都让我们的弄堂地图更加清晰了，可以让更多的人从这张地图上知道幼儿园周边的弄堂及其分布。

活动延伸

区域延伸：在区域中投放材料，供幼儿在区域活动期间观察弄堂地图、分享自己的发现。

活动反思

大部分孩子已经能看着地图熟练地指出弄堂的位置，说出弄堂的名称，因此不管从哪里开始贴名字，对孩子来说都不是难题。但是弄堂的名称应该怎么放到地图上去？是直接画上去还是贴上去呢？这个问题让孩子们产生了分歧。这两种方式都是可以的，既然孩子们有分歧，那就让他们说说理由。孩子们分为两组讲述自己的理由，当两组各持己见的时候，我觉得分成两组进行也未尝不可。于是，我们两位老师合作，分组带队，根据孩子的意愿为弄堂地图添上标志。拿着地图走弄堂，孩子们的方向感似乎更好了，能熟练地说出弄堂的位置，并将弄堂的名称用不同颜色的画笔添画或者粘贴在地图上，让我们的地图变得更加丰富。

九、集体活动　俯瞰弄堂

活动目标
1. 能够用完整的语言表达自己穿弄堂、观看弄堂照片及视频的感受。
2. 愿意和同伴一起讨论关于迷宫的话题，表达自己对迷宫的理解。

活动准备
经验准备：玩过迷宫游戏，或者见过迷宫图。

物质准备：弄堂的百度地图或弄堂航拍视频、投影仪、迷宫图片。

活动过程
1. 回忆自己看到过的弄堂，说说弄堂的样貌、形态。

讨论：我看到的弄堂长什么样子？

小结：弄堂长长的、窄窄的、弯弯曲曲的、绕来绕去的。

2. 欣赏高空俯拍的弄堂图，感受不一样的弄堂风貌。

（1）猜一猜，这是怎么拍出来？

讨论：你见过这样的图吗？猜猜：这是怎么拍出来的？用了什么工具拍的？

（2）比一比，和我们平时看到的弄堂有什么不一样？

小结：平视的角度看到的弄堂数量少，俯拍的角度让我们看到了所有的弄堂。

（3）弄堂俯拍图让我们看到了什么样的弄堂？

总结：从高空俯瞰弄堂，我们发现弄堂是四通八达、纵横交错的，它们就像是一个大大的迷宫图，非常有趣。

活动延伸
家庭延伸：幼儿提到弄堂像一个大迷宫，那么可以让家长和孩子一起玩迷宫游戏，熟悉迷宫游戏的规则。

活动反思

小朋友们回忆自己走弄堂的经历,发现了弄堂的路和生活中的路是不一样的:弄堂里的路是黑黑的,生活中的路是明亮的;弄堂里的路是窄的,小车都不能开过去,生活中的路是宽的;弄堂里的路是颠簸的,路上会有很多的小石子和墙壁上掉落下来的灰尘,生活中的路是很平坦的、干净的;弄堂里的路有些是不通的"死路",而生活中的路几乎都是连通的。原来弄堂和生活中的路有很多不一样的地方呀!通过观看俯瞰弄堂的视频,孩子们又有了新的发现:他们发现弄堂弯弯曲曲的,一条条纵横交错,组合起来很像一个大迷宫,有的宝贝还很兴奋地分享起了自己在生活中玩过的迷宫游戏。要进行迷宫游戏需要了解规则、熟悉玩法,于是在课堂结束的时候,孩子们又有了新的任务:回家了解迷宫的玩法和规则,明天来和老师、同伴一起分享。

十、集体活动 说说迷宫

活动目标

1. 在玩迷宫的同时能仔细观察,发现迷宫的主要元素和玩法。
2. 尝试用记录的方式表达迷宫的主要元素。

活动准备

经验准备:玩过迷宫游戏,知道迷宫游戏的玩法。

物质准备:迷宫游戏纸若干、记录纸、笔。

活动过程

1. 说说迷宫,了解迷宫的基本规则。

讨论:我玩过什么迷宫?迷宫游戏怎么玩?

小结:迷宫可以一个人玩,也可以和同伴一起玩,从入口出发,找到迷宫的出口,有障碍的地

方走不通，只能走没有障碍的路。

2.玩玩迷宫，记录迷宫图的细节。

（1）有趣的迷宫主题。

讨论：我们组的迷宫讲了什么故事？

（2）不一样的障碍。

讨论：我们组的迷宫障碍有什么？

（3）迷宫通道。

讨论：出口和入口在哪里？有几条通道可以走通？

小结：不同的迷宫都是有不一样的主题，根据主题设计相应的障碍物。有的迷宫会有多条通道，有的迷宫只有一条通道。

（4）分享我们的记录。

展示自己的记录纸，并试着讲述这些图案的意义。

总结：有的迷宫简单，路线比较少，可以有多个入口和出口，走得通的路线多，途中设置的障碍也比较多。而难度较大的迷宫线路多，入口和出口却只有一个，走得通的路线也只有一条，途中设置的障碍也比较多。

活动延伸

区域延伸：在科学区中投放迷宫游戏，选择该区的幼儿可以继续玩游戏，熟悉迷宫游戏规则。

活动反思

迷宫游戏对班上的孩子来说并不陌生。阅读区的书架上有很多迷宫游戏书，孩子们选择阅读区的时候总是三五成群地玩迷宫游戏，他们已经积累了一些玩迷宫的经验，知道迷宫有很多通道，有的走得通，有的走不通，有起点，有终点，还有很多障碍物，所以在分组游戏的时候，孩子们能把迷宫的一些特征记录下来，并在班级中分享。

本次活动的重点在于引导幼儿观察迷宫图的布局，让孩子们知道迷宫主题与障碍物是相对应的，不可以随便设计障碍物。分组活动让孩子们知道迷宫游戏的种类是很丰富的，通道的数量也可以根据自己的设计做出改变，这为后面的迷宫设计活动做好了铺垫。

十一、小组活动 弄堂迷宫大讨论

活动目标

1. 能用完整的语言描述自己的想法。
2. 愿意与同伴讨论关于弄堂迷宫游戏的规则，能够接受他人与自己不同的意见。
3. 能够尝试用简单的符号表达游戏的规则，初步制作游戏海报。

活动准备

经验准备：对迷宫游戏规则有一定的了解。

物质准备：海报纸、记录纸、笔。

活动过程

1. 欣赏弄堂俯瞰图，和幼儿说说弄堂和迷宫的相似之处。

讨论：俯瞰图看上去像什么？你为什么这么认为？

小结：弄堂数量很多，弯弯绕绕，这么多弄堂纵横交错，四通八达，就像迷宫的通道一样。

2. 自由讨论弄堂迷宫设计方法。

讨论：出入口选在什么地方比较合适？你知道弄堂迷宫游戏的规则吗？

3. 分组活动：设计弄堂迷宫。

总结：迷宫的出入口可以根据迷宫情景来制定，但是在游戏中我们一定要遵守自己制定的规则，保证游戏的安全性和可行性。

活动延伸

区域延伸：将材料投放在美工区，有兴趣的幼儿还可以继续在该区设计弄堂迷宫的游戏规则。

活动反思

活动中，孩子们似乎对迷宫的游戏设计理解得还不够透彻，所以在分享路线设计的时候，大部分孩子不能准确地说出自己想设计几个出口、几个入口，几条路可以走通。我们在后面的活动中，还是要多讲解迷宫的玩法，这样孩子们在设计迷宫路线时才能有更深入的思考。但是孩子们对游戏的规则非常熟悉，他们知道遇到障碍应该躲开，不能通过。在玩弄堂迷宫的时候还要鼓励他们多动脑筋，多思考，也要注意安全。这次活动为后面一系列的活动做好了铺垫，让孩子们知道我们即将要设计弄堂迷宫，下次活动我们还要一起设计障碍规则，然后进行布置。

十二、区域活动　设计标志

经验联结

"弄堂迷宫大讨论"活动之后，幼儿对弄堂迷宫的游戏情境有了自己的想法，在出、入口和障碍物的设计上有了创作欲望。孩子已有的经验是有一定的绘画创作基础。通过本次活动可获得的经验是能根据弄堂迷宫主题来设计合理的障碍物和出、入口。

活动目标

1. 能动手动脑，设计迷宫的起点、终点和障碍物。
2. 用联想功能，把弄堂名字和现实生活中的物品谐音联结，并画出物品的图案。

活动准备

经验准备：有一定的绘画技能，能根据情景进行障碍物设计。

物质准备：已丰富好的弄堂地图、纸、笔。

活动内容

能根据自己构思的迷宫情景设计相应的出、入口和障碍物,并愿意介绍自己设计的弄堂迷宫。

活动要求

1. 设计障碍物的时候需紧扣情景主题。
2. 出入口设计要符合迷宫规则。

指导要点:指导幼儿在设计障碍物的时候注意不要过于单一,可以利用发散性思维,创作出既紧扣主题又生动有趣的标志。

活动延伸

区域延伸:继续投放在美工区,选择该区的幼儿可以继续设计障碍物标志,丰富迷宫游戏的故事情节。

活动附件

十三、小组活动 布置迷宫

活动目标
1. 能够根据大家商讨的结果准确匹配出、入口的标志和障碍标志。
2. 使用工具，将标志粘贴在对应的地方。

活动准备
经验准备：多次走过弄堂，对弄堂很熟悉。

物质准备：① 丰富好的弄堂名字标志，起点、终点标志和障碍物标志；② 粘贴工具。

活动过程
1. 带着迷宫图走弄堂。

讨论：哪条弄堂是有障碍物的？障碍物是什么？哪条弄堂是可以通过的？

2. 和幼儿商量障碍物投放的方法。

讨论：投放障碍物的时候需要什么工具？

小结：用石块压制，用钉子钉在墙面，用粘贴工具粘贴等，可以用不同的方法布置障碍物。

3. 展示自己布置好的迷宫图。

讨论：我们的迷宫是什么主题？需要完成什么任务？有几条通道？

4. 制作邀请卡，邀请同伴玩自己布置好的迷宫。

讨论：我想邀请几个人？我准备如何邀请他？

总结：各小组都完成了迷宫的布置，以照片或者视频的方式来看看大家布置的迷宫吧。

活动延伸：
区域延伸：将完善好的弄堂迷宫地图放在科学区，反复邀请同伴来参加弄堂迷宫游戏。

活动反思

弄堂迷宫的主题、障碍物的设计都是孩子自己决定的,所以他们对迷宫的布置流程非常熟悉,老师的任务只是引导孩子们思考如何将障碍物投放到各条弄堂。在布置的时候,也遇到了一些小问题,比如孩子们在使用粘贴的方式时,发现弄堂墙面非常粗糙,基本上都是贴不住的,这该怎么办呢?于是我们暂停活动,思考如何解决这个问题。孩子们的想法非常多,很多都能就地取材,想法非常好。在不破坏弄堂墙面的前提下,老师对每一位孩子的想法都给予了支持。最后我们使用了石块压制和直接贴在管道或者居民窗户上的方法将问题解决了。

十四、小组活动　走迷宫

活动目标

1. 主动参与走迷宫的活动,在活动中体验探究、合作的乐趣。
2. 敢于尝试"走迷宫"活动,遇到困难不轻易放弃。
3. 能根据迷宫图寻找到各障碍标志,选择通顺的通道完成迷宫挑战。

活动准备

经验准备:① 熟悉弄堂迷宫的主题;② 对幼儿园周边弄堂的走向很熟悉。

物质准备:布置好的弄堂迷宫图、奖品贴纸。

活动过程

1. 观察弄堂迷宫图,寻找正确通道。

讨论:这是什么主题的迷宫?我们需要完成的任务是什么?出口和入口在哪儿?哪一条弄堂是可以通过的?

2. 抽取迷宫图，实地穿越弄堂迷宫。

边走边讨论抽到的是什么主题的迷宫，会遇到哪些障碍，这些障碍都藏在哪条弄堂里。

3. 清理障碍物图标。

将布置在弄堂里的障碍物标志清理干净，保持弄堂整洁的环境。

总结：在我们的布置下，弄堂变成了神秘而有趣的大迷宫。我们不畏艰难，在弄堂地图的帮助下，每一位小朋友都成为穿越迷宫的高手。

活动延伸

家庭延伸：建议家长和孩子一起创设家附近的弄堂迷宫，进行亲子穿弄堂迷宫的游戏。

活动反思

孩子们对迷宫的布置和走迷宫的游戏非常感兴趣，经过商量，我们把布置迷宫和走迷宫相结合，这样孩子们游戏的感觉会更好，一组孩子布置迷宫，回来后以邀请的形式，请另外一组孩子来挑战他们的迷宫，孩子们都很期待，他们想要亲身去探索、破解同伴留给他们的难题。在走迷宫的过程中，孩子们对于弄堂的样子、位置和名字会有更深层次的理解。对于弄堂，孩子们更熟悉了，在走的过程中，他们动脑筋，想办法，寻找正确的路线。有时需要穿过很多阴暗的弄堂，他们也不惧怕，带着一股子初生牛犊不怕虎的精神，每组孩子都能够找到正确的路，弄堂迷宫游戏进展很顺利。

十五、小组活动　迷宫大搬家

活动目标
1. 观察周围事物，并大胆猜测问题答案，说出自己的想法。
2. 常常动手、动脑探索物体和材料，并乐在其中。

活动准备
经验准备：玩过弄堂迷宫游戏，有亲身走迷宫的经验。

物质准备：弄堂迷宫实践的照片。

活动过程
1. 和幼儿聊聊穿弄堂迷宫的趣事。

讨论：穿迷宫的时候我遇到了什么困难？成功穿越迷宫后心情怎么样？

小结：穿越弄堂迷宫是一种非常有趣，也很有意义的活动，不仅能让我们感受到穿越弄堂的兴奋之情，也让我们对弄堂更加熟悉。

2. 畅想幼儿园里的迷宫。

讨论：我们幼儿园里可以有迷宫吗？我们在幼儿园里可以建造什么样的迷宫？

3. 逛一逛幼儿园，寻找迷宫建造场地。

讨论：在幼儿园搭建迷宫有什么要求？哪个区域比较适合搭建迷宫？为什么？

小结：场地空间大，地面平整，运输材料方便。

总结：根据班级人数和以往走迷宫的经验，最终确定园内面积较大、地面较为平整的彩砖地比较适合搭建迷宫。

活动延伸
家庭延伸：可以和爸爸妈妈一起查询迷宫建造要求，尝试在家中用小积木搭建小型迷宫。

活动反思

从回答中我们发现孩子们很喜欢玩迷宫的游戏,他们觉得布置迷宫、走迷宫都非常有趣。迷宫里有不一样的弄堂,走在黑黑的弄堂里孩子们都觉得很兴奋。他们表示我们在幼儿园也可以玩迷宫游戏。那么在幼儿园哪里适合玩迷宫游戏呢?小朋友们激烈地讨论着。最后绝大多数小朋友都觉得操场比较合适,因为操场很大,也很空旷。我们可以用积木搭建迷宫,请小朋友们来走走;有的小朋友觉得搭建场很适合,因为搭建场的积木可以用来搭长长的迷宫;也有个别小朋友觉得球乐园很合适,因为球乐园有很多材料。

十六、收集活动 收集迷宫材料

活动缘起

幼儿计划在大操场搭建迷宫,需要在幼儿园里收集可以搭建迷宫的材料。

活动准备

经验准备:幼儿对幼儿园的设施、户外区的各种材料已经比较熟悉。

物质准备:记录纸、笔。

收集对象和内容

收集幼儿园里的搭建材料,寻找最适合搭建迷宫的材料并说明原因。

收集前谈话

讨论:幼儿园里有哪些户外活动区?区域里的材料有什么?哪些材料可以用来搭建迷宫?

小结:球球乐园的万能工匠、绘心画意的PVC管、泥巴地的砖头、搭建场的木块积木都可以用来搭建迷宫。

收集后汇总、展示、交流和讨论

讨论：哪个区的材料更加合适？为什么？

小结：建构区的大型木块积木可以搭建出大型的迷宫，它离我们的彩砖场很近，运输材料会更加方便。数量比较多的大型木块积木比较适合搭建大型的迷宫，可以容纳我们整班孩子一起游戏；积木形状多样，可以根据我们的设计图变换出各种形状的弯道。

活动延伸

区域延伸：户外活动中可以在幼儿园各区继续寻找适合搭建迷宫的材料。

十七、区域活动　设计迷宫

经验联结

选择了木块积木之后，幼儿开始思考如何运用这些大型积木搭建迷宫，在搭建之前尝试在美工区创作设计图，孩子已有一定的绘画创作经验。从本次活动中孩子可获得的经验是学习用双线条表示通道。

活动目标

1. 能够根据迷宫的特点，合理地设计出适合所选材料的迷宫。
2. 初步尝试，完成迷宫的设计。

活动准备

经验准备：上一个活动中，我们已经确定好搭建幼儿园迷宫的材料和方位。

物质准备：绘画工具。

活动内容

根据选择好的大型木块材料，构思设计图，并在区域中将设计图用简单的线条绘制出来。

活动要求

在设计的时候考虑到搭建迷宫的材料,采用双线条绘制迷宫路线。

指导要点

指导幼儿用双线条表示通道、转弯、分叉等绘画技巧。

活动延伸

区域延伸:建构区中,幼儿自由设计迷宫图,并尝试搭建。

活动附件

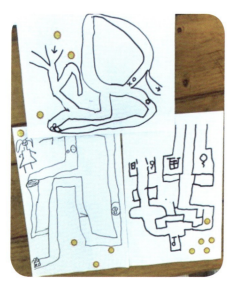

十八、户外活动　搭建迷宫

活动目标
1. 愿意承担搭建迷宫的任务，并且能够和同伴齐心协力，合作完成迷宫搭建。
2. 在搭建过程中能够认真思考，大胆想象，对于出现的问题能积极寻求解决的方法。

活动准备
经验准备：幼儿有走迷宫的经验。

物质准备：搭建场地、搭建材料、设计图。

活动过程
1. 搭建前的准备。

讨论：需要什么工具？如何分组？

小结：搭建的时候需要手套、运输材料的小推车；分成三组：路障组，搬运组，搭建组。路障组人数不需要太多，需要____人，搬运组____人，搭建组人员需要多一些，需要____人。

2. 搭建进行中。

讨论：搭建过程中需要注意些什么？

小结：要根据设计图进行搭建，随时检查是否搭错，发现错误需要及时进行调整。

3. 搭建后的讨论。

讨论：搭建中遇到了什么困难？如何解决这些困难？

总结：搭建迷宫是一项非常有挑战性的任务，需要我们每一位孩子付出努力，通过分工与合作，不怕困难，积极思考，解决遇到的问题，这样才能成功。

活动延伸
区域延伸：户外活动中，可以根据图纸来搭建各种迷宫。

活动反思

　　幼儿园的迷宫游戏从今天开始火热开展了起来。小朋友们经过讨论，分成了三组，分别是路障组、搬运组、搭建组。他们严格按照图纸的要求，尝试分工合作，对照地图，一边搭建，一边检查自己的搭建成果是否和图纸一样。当搭建遇到困难的时候，他们不放弃，不服输，聚在一起商量、解决问题，最后搭建完成的迷宫有模有样。小朋友们最后还互相邀请，一起走一走对方的迷宫。就这样，孩子们成功把纸上的平面迷宫"搬运"到了幼儿园。经过此次活动，相信他们再次玩迷宫游戏时一定会觉得比以往更有趣了。

十九、户外活动　玩转迷宫

活动目标
1. 能在上一次搭建活动的基础上吸取经验，弥补不足，从而建造出新的更好的迷宫。
2. 能够采纳他人的意见和建议，关心他人的感受，与同伴和谐相处。

活动准备
经验准备：有搭建迷宫的经验，穿过弄堂迷宫。

物质准备：设计图、建构材料、绘画材料。

活动过程
1. 回顾不足，提出建议。

讨论：上一次搭建中，我们遇到了什么问题？有什么好的解决方法？

小结：①搭建时间过长，游戏时间较短，要保持有效合作，合理分工；
　　　②邀请别的班级加入，可以增加更多趣味性。

2. 合作搭建，及时调整。

讨论：合作中遇到分歧如何解决？搭建中偏离设计图时该如何调整？

3. 邀请朋友，玩转迷宫。

讨论：邀请谁？怎么邀请？如何介绍我们的游戏？

总结：迷宫搭建成功，离不开每一位孩子的努力。邀请不同年龄段的小伙伴加入我们的游戏，让更多的人体验到弄堂迷宫的乐趣，也把我们近期探究的弄堂元素推荐给大家。

活动延伸
家庭延伸：邀请爸爸妈妈来走一走我们搭建好的迷宫，和我们一起感受成功的快乐。

活动反思

在前一次的搭建活动中孩子们体验到了初步成功的乐趣。在回顾游戏的时候,大家也提出了一些小小的问题,所以本次活动的导入旨在解决这些小问题。让孩子们自己提出解决方案,这更加符合我们的课程初衷。在邀请朋友参加游戏的时候,大家的热情再一次被点燃。平铺的迷宫,对大班的孩子来讲比较简单,但是小班的弟弟妹妹来参加的时候就遇到了问题,这就考验孩子们的沟通能力和语言表述能力了。在这样的活动中孩子们的交往能力和语言表达能力都得到了很好的锻炼。

(苏州市吴江区芦墟幼儿园　周莉莉)

系列活动方案

弄堂骑行(大班)

"弄堂像迷宫一样,真有趣""弄堂弯来弯去,我都绕晕了""真想在弄堂里再走一会儿"……为了满足孩子们的好奇心,我们决定在弄堂里来一次深度游。

"用什么方式在迷宫一样的弄堂里穿梭呢?"

糖糖:"可以走路,我和妈妈每天都是走路来幼儿园的。"

航航:"弄堂里可以骑自行车,我爷爷住在弄堂里,他每天都是骑自行车送我来幼儿园,他小时候也经常骑着自行车穿弄堂,可有趣啦。"

"我会骑自行车。"

"我也想在弄堂里骑自行车。"

调查了解幼儿园周边的弄堂,骑行穿弄堂,发现弄堂里藏着的小秘密……孩子们对弄堂骑行这个充满诸多未知的实践活动充满了热切的期盼。这无疑是孩子探索弄堂、了解长辈的童年、了解家乡文化的最好契机。于是,我们和孩子们一起商量制订"骑行计划"。按照孩子们讨论出的"走访弄堂、绘制出骑行路线、邀请爸爸妈妈协助骑行、做好骑行登记、做号码牌"等明确的目标和具体的行动步骤,我们的活动有条不紊地开始了。

一、调查活动　寻一寻——周围有哪些弄堂?

活动缘起
幼儿穿行弄堂往返于家庭与幼儿园之间,幼儿园周边有哪些弄堂呢?围绕这个话题,幼儿将走进弄堂展开调查。

活动准备
经验准备:① 能在较热的环境下行走一定的路程;② 有在幼儿园周边穿行弄堂的经验。

物质准备:相机、纸、笔。

调查对象和内容
幼儿园周围有哪些弄堂呢?教师陪同幼儿一起走进弄堂,找一找、看一看幼儿园周边有哪几条弄堂。

调查前谈话
1. 每天上学放学,你走的是哪条弄堂?你知道幼儿园周边还有哪些弄堂吗?

2. 我们该如何去寻找呢?找到的弄堂如何知道并记住它的名字呢?

在调查前,教师需要引导幼儿商议出调查的内容和调查的方式,大家达成一致约定后再出发。在调查寻找中,教师可以引导幼儿关注弄堂中的名牌,熟悉不同弄堂的特点,初步感知其大致方位。

调查后汇总和讨论

1. 请幼儿分享寻找中发现的弄堂,并做好记录。
2. 幼儿说一说想在哪条弄堂骑行,并说明理由。

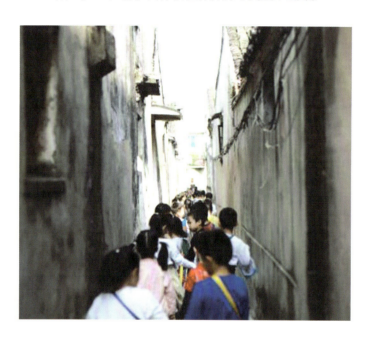

在实地调查中,幼儿发现了九曲弄、工交办弄、袁家弄、庞家弄、柳家弄、西栅弄等周边的弄堂,也了解了南苑家浜路、体育路、西中街等与弄堂交织的街道。有了本次亲身探寻的经历,孩子们对骑行的线路有了特殊的期待,如对探索"黑"弄堂充满期待。因此,骑行路线也逐渐清晰,就聚焦在幼儿园北侧的几条弄堂。孩子们选中的这些弄堂都适合骑行吗?如何确定是否适合骑行呢?孩子们将继续展开讨论。

二、实践活动　量一量——我的小车能通过吗?

活动目标

1. 能根据以往的经验对比猜测小车穿行弄堂的结果,尝试分析测量结果的可靠性。
2. 能尝试运用标准化的工具收集弄堂、小车的宽度信息,并用简单的记录表表示。
3. 在探究弄堂宽窄的过程中,愿意与同伴合作交流。

活动准备

经验准备：① 幼儿有走弄堂的经验，了解周围弄堂的名称及位置；② 幼儿有小组讨论与合作的初步经验。

物质准备：纸、笔、卷尺、米尺、文具尺、相机。

活动过程

1. 说一说适合骑行的弄堂。

请幼儿说一说什么样的弄堂适合骑行，引导幼儿思考车子宽度与弄堂宽度的关系。

2. 量一量。

（1）选择测量工具。

初次测量时幼儿分组选择不同的标准测量工具，自主选择弄堂，尝试初次测量弄堂。

指导要点：观察幼儿测量过程中存在的问题，引发讨论。例如：标准测量工具如何使用？测量结果可以如何记录？

（2）测量分享。

幼儿分组展示各自测量的弄堂及测量的结果。

指导要点：引导幼儿仔细观察各组的测量结果，对比并推测其测量结果的可靠性。例如，不同的小组同时测量一条弄堂，他们的测量结果有何差别？为什么？

（3）讨论：弄堂量哪里？

请幼儿参照测量结果，说一说：测量弄堂的什么地方更加便于推测小车是否能够顺利通过呢？

（4）再测弄堂。

幼儿分小组在弄堂中用身体尺粗略寻找较窄的地方，并用标准测量工具再次展开测量，进行测量记录。

指导要点： 指导幼儿对比多次的测量结果，确定最终的参照对比值。

活动延伸

幼儿在园内实践中已积累了测量的经验，明确了弄堂最窄位置的宽度。幼儿回家后应该能够准确判断骑行工具的最宽处，并测量自己的骑行工具，判断其是否可以穿过弄堂，最终选择适合的骑行工具。

活动反思

周边的弄堂纵横交错，宽窄不一，幼儿骑行工具的款式、宽度也是各不相同的。讨论中，有孩子因为自己的车子比较大，为是否能顺利穿行弄堂而感到担心。因此，孩子们认为，确定弄堂和骑行工具的宽度，对比尺寸，确保骑行工具能够顺利通过，非常重要。测量长度的标准工具是多种多样的，孩子们也是第一次正式接触，我们应给予幼儿更多自主探索的机会，探索测量工具、探索测量对象。我们鼓励幼儿对比测量结果，通过观察、讨论，得出测量工具的正确操作方法，明确适宜的测量位置。这也为幼儿独立测量自己的骑行工具，选择适宜的骑行工具积累了有益的经验。

三、实践活动　画一画——绘制骑行地图

活动目标

1.能有序、清楚地讲述关于绘制骑行地图的想法；知道别人的想法和自己不一样时，能倾听和接受别人的意见。

2.能尝试用数字、图画或其他符号记录心中的弄堂骑行地图。

活动准备

经验准备：知道地图，了解地图上的基本元素。

物质准备：纸、画笔、贴纸。

活动过程

1.聊一聊地图元素。

（1）说地图。

请幼儿联系生活经验，说一说：在哪里见过或使用过地图？想一想：地图上有些什么？

（2）构想骑行地图。

请幼儿迁移经验，想一想：在骑行地图上需要呈现哪些元素？

指导要点：① 在说地图环节，教师可以提前准备一幅地图或公园游览图，当幼儿回忆地图遇到困难时，可以给予适宜支持。请幼儿观察地图，捕捉地图中方位指向标志、道路、各个区域的不同标志等元素，为幼儿构想自己的骑行地图积累经验。② 在幼儿表达骑行地图需要呈现的元素时，教师应尊重幼儿的不同想法，支持多元化的呈现。例如，幼儿园在九曲弄48号，有的幼儿希望用数字48来表示，有的用爱心表示，有的用幼儿园里的典型建筑"大象"来表示，有的想贴一颗五角星来表示，这些想法都是值得被鼓励的。③ 在构想骑行地图元素时，教师应引导幼儿

明确在地图中需要有以下必备元素：起点、终点、弄堂、弄堂名。

2. 绘地图。

请幼儿带着画笔、画纸走进弄堂，绘制弄堂地图。

指导要点：这是幼儿第一次画地图，将实践行走的经验落于纸上也是有较大难度的，特别是方位问题。但教师不要急于介入，应鼓励幼儿大胆尝试，通过幼儿的绘画发现他们的难点和想法，教师可以有针对性地思考下一步给予的支架性策略。

3. 地图分享。

（1）我绘制的地图。

请幼儿向同伴介绍自己绘制的地图。

（2）我的发现。

幼儿通过倾听、观察、对比，寻找绘制的地图中存在的优点，说出改进建议。

指导要点：在幼儿分享、观察对比时，教师主要引导幼儿观察同一条弄堂、同一个建筑物在不同地图中的方位呈现是否一致，从而引导幼儿了解生活中帮助我们正确辨别方向的工具。

活动延伸

收集指南针，了解指南针的用法，能尝试找北。

活动反思

孩子们绘制地图时，有的将幼儿园画在纸张的最上面，有的画在最中间，把弄堂分列在上下两侧。很显然，这样的布局与我们实际的方位是有很大出入的。《指南》在科学领域感知形状与空间关系中指出："能辨别自己的左右。"

但我们的活动不止步于分辨左右，更是一个拓展幼儿空间感知经验的好机会。因此，我们可以借助《中国娃》主题中讲到的四大发明之一——指南针，鼓励幼儿探索方位，去了解幼儿园周边的弄堂方位，绘制方位正确的弄堂骑行地图。

四、实践活动 辨一辨——指南针协助画地图

活动目标：

1. 愿意尝试使用指南针找北。
2. 能借助指南针识别幼儿园、九曲弄等熟悉场所的方位。
3. 在指南针的帮助下，能尝试小组合作绘制骑行地图。

活动准备：

经验准备：有绘制地图的初步经验；了解指南针的基本用法。

物质准备：指南针、标志贴、画笔、画板（画有方向坐标）。

活动过程：

1. 认识指南针。

幼儿通过观察与初步尝试，发现指南针的特点并分享指南针中指针代表的含义和指南针的使用方法。

指导要点：可在区域游戏中提供适量的指南针及有关指南针的图书，幼儿可自行开展前期探索，为分享与集体讨论积累前期经验。

2. 找北游戏。

幼儿自由组合，以小组为单位，在教室、校园等环境下自由选择地点，尝试借助指南针寻找北，并做记录。

指导要点： 幼儿初次使用指南针辨方位时，教师可提醒幼儿要将指南针放置在平稳的地方，待指针稳定后再读取结果。对于能力较弱的幼儿，可先协助其找到熟悉的参照物，然后鼓励其观察指南针，从而熟悉指南针找北的方法。

3. 绘制骑行地图。

幼儿从幼儿园出发，以小组为单位，一边辨别方向，一边绘制弄堂地图。

指导要点： 由于中班幼儿大多缺乏区分左右的能力，因此在外出画地图前，需要在幼儿的左右手贴上不同的贴纸来辅助区分左右方向。幼儿所携带的绘画纸除了需要贴上相应的贴纸外，还需画好表明方向的指示坐标，并注明"北"，为幼儿辨别方向并绘制地图提供支架。

活动延伸

可以将指南针放置在科学区，幼儿可以根据兴趣绘制教室的区域图或幼儿园地图；也可以根据幼儿的需求，让幼儿带回家与家长再绘弄堂地图。

活动反思：

绘制地图对于中班幼儿来说有一定的难度。因此，在活动实施前，我们预设了幼儿可能遇到的难点，思考可以给予的支架。例如，在双手贴不同的标志、在纸上表明方向坐标；在绘制地图实践初期，引导幼儿按照"放稳指南针、找北站立、区分左右、画出线路走向"的办法一步一步来尝试完成。让人惊喜的是，经过3次左右的引领，大部分孩子都能在纸上画出弄堂的正确方位和走向。通过两次实践，幼儿成功将弄堂地图完整地呈现于纸上，这真的是一次非常了不起的实践。

五、集体活动 规划骑行路线

活动目标

1. 能有序、清楚、连贯地讲述自己设计的骑行路线。

2. 讨论中能与同伴协商、分工合作，与别人的看法不同时，敢于坚持自己的意见并说出理由。

活动准备

经验准备：熟悉周边弄堂方位；能看懂同伴绘制的地图。

物质准备：各小组绘制的地图、红笔。

活动过程

1. 小组商议骑行路线。

幼儿以小组为单位，分工合作，商量骑行的路线及推荐该路线的理由。

2. 骑行线路推荐官。

每组推荐一位幼儿担任本组骑行路线的推荐官，请他介绍本组商定的骑行路线及推荐的理由。

指导要点：本环节中，教师可以引导幼儿使用首先、然后、接下来等表示顺序的词介绍骑行的路线，并且鼓励幼儿准确说出骑行路线中弄堂的名称，介绍本条骑行路线的优点，如不走重复的路、不走人多的路等。

3. 我喜欢的骑行路线。

幼儿聆听每组的推荐路线和理由后，通过投票的方式选择自己喜欢的骑行路线。票数最高的路线即成为本次骑行活动的最终路线。

活动延伸

可以将幼儿商议的骑行地图放置于阅读区，幼儿在区域游戏时可以再次交流分享骑行路线。

活动反思

弄堂具有相互连通的特点，从地图中孩子们不难发现骑行的路线不是唯一的。在实地走访调查中，孩子们对于弄堂有着不同的感受：有的孩子喜欢宽阔的九曲弄，有的喜欢狭窄黑暗的柳家弄，还有的喜欢古香古色的工交办弄。因此，我们充分尊重幼儿的想法。孩子们以小组为单位，商量、分享、倾听、判断，最终商定出一条在他们看来最优的路线，真正实现我的游戏我做主。

六、区域活动　我为骑行做准备

经验联结

本活动来源于幼儿对骑行活动的构想、设计与讨论，对前一次活动和后一次活动起到承上启下的作用。幼儿已具有运用多种形式进行表达的能力。本活动将为幼儿提供更加宽松的环境，鼓励幼儿进行富有特色的设计与创造。

活动目标

1. 能用图画、符号或多种材料、工具，设计邀请函、车牌、志愿者标志。
2. 能在活动准备中出主意、想办法，与别人的看法不同时，敢于坚持自己的意见并说出理由。
3. 理解规则的意义，能与同伴协商制定游戏和活动规则。

活动准备

经验准备：能写写画画；会自己设计一些事物。

物质准备：画笔、纸、画板、地图、个人照片等。

活动内容

1. 设计安全标志。

幼儿根据商定的骑行路线和绘制步骤，一边行走、一边查看，在需要安置安全标志的地方稍作停留，进行标志设计与记录，并在适宜的材料上制作安全标志。

2. 完善骑行地图。

请幼儿一边回忆骑行路线，一边在地图上补充每一处所需的安全标志，并为自己的爸爸妈妈选择志愿点位，贴上自己的照片。

3. 绘制安全监督员身份牌。

幼儿选择不同的材料绘制安全监督员身份牌。

4. 制作邀请函。

幼儿根据自己的喜好,设计绘制四要素完整、清晰的邀请函。

活动要求

1. 设计安全标志。

请幼儿先说一说:在走弄堂的过程中发现了哪些安全隐患?哪些地方需要做安全标志?大家一起讨论,确定设计安全标志的方法,然后再设计制作。

2. 完善骑行地图。

幼儿自由选择,并清楚表达该点位的安全标志。

3. 绘制安全监督员身份牌。

请幼儿先说一说:什么是身份牌?身份牌上需要有什么内容?然后再开始绘制。

4. 制作邀请函。

请幼儿说一说:什么是邀请函?你见过的邀请函是什么样的?需要有哪些信息?然后开始设计制作。

指导要点

1. 设计安全标志。

在行走中,幼儿会发现弄堂里有许多水井盖、急转弯、崎岖不平的道路、小动物的便便。基于幼儿的第一次感知,请孩子们大致说一说这些"危险",然后讨论设计安全标志的方式:拍好照片回园再画或者走进现场边走边画;每人画一个或者小组合作……这些方式都可以在幼儿讨论约定后再开始设计。同时教师也需要借机渗透三角形标志与圆形标志、蓝色标志与黄色标志所代表的不同含义。

2. 绘制安全监督员身份牌。

身份牌上的内容需要包含安全监督员要做的事情,绘制要醒目,可以鼓励孩子有多种不同的

表达。

3. 制作邀请函。

在交流过程中,教师可以协助幼儿提炼出邀请函需要的信息,包括邀请对象、时间、地点、邀请原因、邀请人等,以便于幼儿开展制作。

活动延伸

幼儿回家后,向家长递送邀请函发出邀请,并介绍邀请函中的内容。

七、实践活动 行——我是弄堂小骑手

活动目标

1. 能自觉遵守基本的安全规则和交通规则,不给自己和他人造成危险。
2. 在骑行中遇到困难时能够坚持而不轻易求助。

活动准备

经验准备:会独立骑童车。

物质准备:志愿者标志、骑行地图、骑行名单、车牌、骑行小车、安全标志。

活动过程

1. 出发准备。

(1)幼儿为家长讲解志愿服务点位,并分发相应的安全标志和点位所需材料。

(2)幼儿为家长佩戴志愿安全员标志。

(3)幼儿将骑行工具停放整齐,并为骑行工具悬挂车牌。

指导要点:幼儿对于活动所需准备是了然于心的,因此为家长讲解服务点位及分发材料等事情,

都可以鼓励幼儿自主完成,让幼儿做活动的主人。

2. 我们去骑行。

幼儿携带好骑行工具,按照计划路线有序开展骑行活动。

3. 骑行感受。

骑行结束后,请孩子们说一说骑行的感受。

指导要点:本环节只需要幼儿简单地表达喜悦、兴奋和快乐等心情,具体的展开表达将作为延伸思考和下一次活动的内容。

活动延伸

请幼儿想一想,在骑行中遇到了哪些险、趣、难忘的事情,做好记录和分享的准备。也请爸爸妈妈说一说孩子们在弄堂骑行系列活动中的收获和成长,请他们提出宝贵建议。

活动反思

今天的骑行活动在家园共同的努力下,非常顺利地落下帷幕。我们感叹于孩子们强烈的秩序感和不怕困难、坚持到底的精神,感慨于家长在活动中大胆放手背后支持的理念转变。用沉浸式的活动促进幼儿发展,用无声的行动影响家长观念,用深入的探究了解自己的家乡,这就是"弄堂骑行"活动最美好的期待。

八、区域活动 享——险趣的骑行经历

经验联结

本活动是前一次"弄堂骑行"活动的延伸活动，幼儿已具备自主选择材料和方式表达想法和感受的能力，因此我们鼓励幼儿在区域中大胆表现。

活动目标

1. 能有序、清楚、连贯地讲述自己在骑行中遇到的难忘的事，讲述时语言生动。
2. 能用多种工具、材料或不同的表现手法表达自己在骑行活动中的感受和想法。

活动准备

经验准备：有自主选择材料并进行创作与表达的经验。

物质准备：画笔、画纸、彩纸、扭扭棒、纽扣、双面胶、木棒等。

活动内容

表现：幼儿自选材料，通过多种形式记录自己在骑行中发生的趣事，表达自己的感受。

表达：幼儿回顾弄堂骑行课程的始末，说一说自己在活动过程中的收获。

活动要求

1. 在创作中鼓励幼儿大胆选材、自由创作。
2. 引导幼儿结合画面用较为流畅、完整的语言分享自己在骑行中发生的险趣之事。
3. 鼓励幼儿欣赏同伴的作品，结合画面仔细聆听。

指导要点

教师可以和幼儿一起结合脉络图，回忆在"弄堂骑行"系列活动中所经历的探究与实践。教师引导幼儿说一说自己的收获和成长，对于有困难的幼儿，也可以提供活动照片，鼓励幼儿表达自己的成长经历，引导幼儿发现自己的进步，从而感受深度学习带给自己的改变，激励其养成良好的学习品质。

活动延伸

幼儿和家长可以继续设计不同的骑行路线，展开弄堂骑行活动。

活动附件

写在最后

"弄堂骑行"系列活动在探索与实践中落下帷幕，预想中困难重重的活动被孩子们小小身体里的巨大潜能一点点化解。

弄堂作为我园主要的社区资源，是孩子们社会性发展的物质支持和丰富的精神土壤：孩子们走访调查，深入了解幼儿园周边的几条弄堂，通过观察路牌和调查询问了解弄堂名字、发现主弄和支弄，在寻找中感知弄堂的空间方位；在辨别弄堂宽窄的过程中孩子们借助身体尺粗略测量，试用多

种标准尺精确测量弄堂的宽度并尝试记录;实践中他们小组合作,借助指南针分辨东南西北、绘制骑行地图、设计路线、设计安全标志,为骑行活动出谋划策做足准备……当孩子们骑着小车用超越步行的速度穿梭在宽窄变化、明暗交替的弄堂里,感受狭窄的空间、急转的路线、黑黑的暗弄……这份兴奋与快乐的体验是孩子对家乡弄堂最初的"认知",是弄堂带给孩子们独一无二的感受,也是爸爸妈妈童年时最抹不去的弄堂记忆。当孩子们长大后的某一天聊起家乡,回想起弄堂骑行的这段经历,谈论起在家乡弄堂探寻收获的经验,这一定会是他们将来最津津乐道的童年趣事。

看着孩子们骑行前的期盼、探究中的专注、骑行中的有序和骑行后兴奋、留恋、不舍的笑容,我们发自内心地和他们一起激动。我们不禁感叹:童年,因游戏而精彩,也因磨砺而出彩!

(苏州市吴江区芦墟幼儿园　侯　丽)

⭐ 走,去弄堂找风啦!(大班)

一、集体活动　弄堂里真凉快

活动目标

1. 了解"穿堂风",知道弄堂里特别凉快的原因。
2. 进一步感知弄堂这一特殊的地形特点。

活动准备

经验准备:幼儿有走弄堂的经验。

物质准备:弄堂乘凉的照片、老奶奶的语音、弄堂的照片若干。

活动过程

1. 幼儿分享并讨论走弄堂的发现。

师:在上一次走弄堂的过程中,有一位小朋友有一个特别的发现,我们听他分享一下。

（个别幼儿分享走弄堂时发现弄堂里风很大的经验，引导幼儿对凉快的弄堂进行讨论。）

总结：弄堂里比马路上凉快，会有一阵一阵的风。

2. 出示照片，播放老奶奶的语音介绍"穿堂风"。

（出示图片）师：在走弄堂的时候天气很热，但是我们看到一些爷爷奶奶坐在弄堂里，为什么呢？

播放老奶奶语音（教师引导幼儿观察画面并仔细倾听，知道爷爷奶奶在弄堂乘凉的原因。）

总结：弄堂里的风就是"穿堂风"。

3. 出示弄堂的照片，感知弄堂的地形特征。

师：看看弄堂的照片，你觉得弄堂是什么样子的？（窄窄的、长长的）

（教师引导幼儿观察弄堂的地形，帮助幼儿感知风与地形的关系，了解"穿堂风"产生的原因。）

总结：弄堂窄窄的，两边有高高的围墙和房子，所以风特别大。

活动延伸

可以在实践中引发"弄堂乘凉"的亲子活动。

活动反思

在了解"穿堂风"的过程中还可以借助家长资源，通过调查幼儿家庭成员来了解关于该话题的一些生活经历。

二、调查活动　弄堂地形

活动缘起

通过调查帮助幼儿了解：有哪些弄堂？他们的特点是什么样的？弄堂里有没有标志性的特征？通过记录的方式让幼儿感知各个弄堂交错的特征，也为后续开展绘制弄堂地形图的活动做好相应的

经验和物质准备。

活动准备

经验准备：有走弄堂的经验，已认识几条弄堂。

物质准备：白纸、笔。

调查对象和内容

调查盛泽弄堂中有代表性的弄堂地形；调查了解每条弄堂的名字、长短、宽窄、标志性特征及两头相接的弄堂。

调查前谈话

出示弄堂的照片，提出调查要求，幼儿根据自身的兴趣点选择调查相应弄堂，分别对各条弄堂进行调查。调查时注意进行记录。

调查后汇总和讨论

调查结束后按照弄堂顺序分享调查结果，根据照片和幼儿记录表梳理出 7 条弄堂的特征。例如，宽宽的弄堂有大瑾上、水澈弄；窄窄的弄堂有华家弄、盐店弄；北仲家弄很长而且有宽有窄；北仲家弄中间通向水澈弄，转角处有垃圾站和杂货店；等等。

活动附件

弄堂名字	长 短	宽 窄	特 征	两头是什么弄堂

三、区域活动　绘制弄堂地形图

经验联结

本次活动中将幼儿之前走弄堂的经验和记录用地形图的方式进行记录，幼儿们共同合作绘制出弄堂的地形图，这也为后续制订找风计划做了一定的准备。

活动目标

1. 通过活动了解弄堂的大致分布情况。
2. 学会绘制简单的地形图。

活动准备

经验准备：了解什么是地形图，已学会画简单的地形图。

物质准备：白纸、记号笔、蜡笔、弄堂地形记录单。

活动内容

幼儿根据弄堂地形记录单尝试画出弄堂大致位置的示意图，再根据每条弄堂的宽窄特点将其他标志性建筑画在对应的位置上，合作绘制弄堂地形图。

活动要求

提醒幼儿：① 小组成员分工合作，根据分布记录单确定弄堂的位置；② 可以利用绘画、符号等多种方式记录弄堂的位置。

指导要点

指导幼儿在绘画时一定要按照记录单上的照片，结合走访弄堂的经验绘制地形图。

活动延伸

建构区：尝试按照地形图建构立体的弄堂地形图。

活动附件

四、集体活动　制订找风计划

活动目标

1.能够结合已有经验，确定找风地点与材料，并与同伴共同制订找风计划。

2.在活动中能协商、讨论，同伴间相互合作。

活动准备

经验准备：知道适宜的找风工具，有走弄堂的经验。

物质准备：弄堂照片和地形图。

活动过程

1.提出找风计划，引导幼儿讨论想去哪条弄堂找风。

（引导幼儿可以联系自己走弄堂的经验说说自己选择该条弄堂的原因。）

总结： 弄堂很多，要选择有代表性的弄堂作为找风地点。

2. 出示弄堂照片和地形图，引导幼儿筛选出找风的弄堂。

（教师重点引导幼儿通过观察发现弄堂不同的地形特点，如宽窄、明暗等，引导幼儿选出有代表性的弄堂作为找风地点。）

总结： 从窄窄的、宽宽的、宽窄不一的弄堂中各选择一条作为走弄堂的地点。

3. 引导幼儿讨论找风需要准备的材料。

（除找风工具以外，教师可以引导幼儿发现需要准备的其他记录材料，并且一起讨论可以记录什么内容。）

总结： 还需要进行记录，准备记录表。

4. 鼓励幼儿尝试制作找风计划书。

（教师可以提示幼儿将自己的组别、学号和找风的地点、材料等内容用数字、图画等方式记录在纸上。）

活动延伸

可以延伸到区域活动：在科学区设计测风记录表。

活动反思

计划的内容和呈现的方式还有很多种，教师不要限定计划表的类型，可以多鼓励儿童表达自己的想法，引导他们通过多次的尝试和讨论确定最终的计划。

五、生活环节渗透　适宜的找风工具

活动缘起

找风的计划已经制订好了，那需要用什么材料来找风呢？孩子们根据自己的生活经验提出了各

种各样的猜想，也引起了大家热烈的讨论。应该选择什么材料需要一一尝试才能确定，因此我们利用一日活动中的散步环节带着孩子们进行了尝试和探索。

活动准备

经验准备：知道一些物品被风吹动后形态会发生改变。

物质准备：各种找风的工具（风车、丝带、小旗、气球、塑料袋等）。

活动内容和方式

组织幼儿讨论，哪些工具可以用来观测风的大小。在餐后散步时，携带各种找风工具到幼儿园风大的地方去走一走，对比使用的材料在风的作用下发生了什么样的变化，并在记录表上进行相应的记录。

活动中的指导

① 幼儿猜测的材料都应该一一进行尝试和实验，观察时引导幼儿比较前后的状态，根据现象是否清晰来判断是否适合用来找风。

② 在尝试的过程中，提醒幼儿及时进行记录。

活动延伸

户外游戏时，携带风车等材料进行走跑游戏，感受风力大小的不同，发现跑得越快风越大，风车也就转得越快。

活动附件

适宜的找风工具			
材　料	风吹前的状态	风吹时的状态	是否适合

六、区域活动　设计测风记录表

经验联结

幼儿已经通过操作筛选出了几种适宜找风的工具，接下来他们还需要一张测风记录表来记录找风过程中自己的发现，这也是后续去弄堂找风计划的准备活动。

活动目标

1. 在制定记录表时能够主动发表自己的意见，并说出理由。
2. 认识记录表并学会制作简单的记录表。

活动准备

经验准备：认识记录表。

物质准备：白纸、记号笔、蜡笔。

活动内容

幼儿根据之前找风的经验和使用的材料进行讨论，确定测风记录表需要记录哪些内容（如材料、地点、风的大小等），可以如何进行表达，根据讨论的结果合作绘制测风记录表。

活动要求

提醒幼儿：① 共同讨论，确定记录表需要记录的内容有哪些；② 可以利用绘画、符号等多种方式制作记录表。

指导要点

指导幼儿先要确定哪些内容是需要记录的，再根据内容制作记录表。

活动延伸

携带制作的记录表去弄堂进行调查活动：寻找弄堂哪里的风最大。

活动附件

七、调查活动　弄堂哪里的风最大？

活动缘起
弄堂里很凉快，那弄堂哪里的风最大呢？孩子们对这个问题产生了兴趣，想要去弄堂里面进一步探究，同时也生发出了测风材料和测风记录表两个活动。本次调查活动也是这两个活动的延伸。

活动准备
经验准备：有使用工具找风并用记录表记录的经验。

物质准备：风车、丝带、记录表、纸和笔。

调查对象和内容
从弄堂地形图中选择出一条有代表性的弄堂：北仲家弄，作为调查的地点。北仲家弄有宽有窄，更适合我们进行比较。调查：在北仲家弄中的弄堂口、弄堂中间和弄堂最深处哪个地方风最大？

调查前谈话
出示北仲家弄照片和记录表，提出调查要求。明确调查路线是从弄堂口逐渐往里走。调查时注意观察并及时进行记录。

调查后汇总和讨论
调查后幼儿分享调查结果，对记录结果进行对比，发现弄堂口的风是相对而言最大的，越往里面走风越小，弄堂最里面的地方风最小。

（苏州市吴江区盛泽实验幼儿园　朱嫣婷　陈小平）

单个活动方案

一、集体活动　弄堂里的漏花窗（大班）

活动目标

1. 通过欣赏，认识漏花窗，感受漏花窗的形状特点与图案的对称美。
2. 在设计与创作中表现自己心中喜欢的漏花窗，体验中式文化美。

活动准备

经验准备：走弄堂看漏花窗的经验。

物质准备：① 收集不同形状、不同对称图案的漏花窗图片、漏花窗介绍视频、活动PPT；② 漏花窗制作材料：打印的纸质漏花窗、各种形状的漏花窗窗框（有黏性）、薄木片若干、剪刀。

活动过程

1. 走进弄堂的漏花窗。

① 出示幼儿欣赏漏花窗的照片，大胆猜测与表达。

② 对比平时看到的窗和漏花窗之间的不同点。

小结：有的小朋友平时很注意观察，在公园、在弄堂、在古镇都见过漏花窗。那么漏花窗都是一样的吗？它们都有些什么图案呢？这里有一段介绍漏花窗的视频，让我们一起认真地看一看、听一听。

2. 欣赏漏花窗。

（1）欣赏漏花窗介绍视频，初步理解漏花窗的多种造型。

小结：漏花窗的形状多种多样，有扇形、有圆形、有菱形，等等；窗洞内装饰着各种漏空图案，图案变化多端、千姿百态：有花草、有动物、有山水，像一幅幅立体的图画，是古代中国人智慧的结晶。

（2）欣赏漏花窗范例，理解对称。

小结：原来运用对称图案设计的漏花窗真的很美。中国古代的工匠就是这么了不起，他们有一双发现美的眼睛，能在生活中、大自然中受到启发，设计出各种对称图案的漏花窗。

3. 设计、制作漏花窗。

① 思考并设计富有个性的漏花窗图案。

② 幼儿交流讨论、分组商量，设计漏花窗。

③ 制作过程中，教师巡回指导。

④ 分享合作设计的漏花窗。

小结：小朋友们设计了这么多的漏花窗，真能干。你们知道吗？古时候的人们设计的漏花窗图案不仅多种多样，不同的图案还有不一样的寓意呢。我们一起去了解一下。

4. 了解漏花窗纹样及其寓意。

① 猜一猜：相互交流漏花窗的图案像什么？

② 玩一玩：漏花窗图案连连看。

③ 说一说：漏花窗上出现的各种不同的图案及其隐藏的秘密。

④ 赏一赏：欣赏更多漏花窗的花纹，了解其寓意。

小结：中国古代的工匠就是这么了不起，能从生活中、大自然中找到设计窗户的灵感，让漏花窗的式样美、寓意也好。

活动总结

在整个制作过程中，幼儿能向同伴表达自己的想法，并获得同伴认可。遇到问题时，一起开动脑筋，解决问题。在分享制作的漏花窗时，幼儿将自己的生活经验带到了活动中来，分别用植物的花、叶、枝等进行图案的设计；一组幼儿设计了飞机图案的漏花窗，机翼是对称的，因此这样的作品更能调动幼儿的学习热情。通过作品分享让幼儿再次欣赏美、感受美，同时将幼儿的作品展示在中式的围墙上，再呈现窗外的景观图，给幼儿身临其境的感觉，让他们在获得成就感的同时提升中式艺术美的体验。同时我们又将设计活动延伸到自己班的区域活动中，幼儿可以收集更多制作漏花窗的材料，进行剪拼贴的组合制作，活动中我们始终坚持以幼儿为本位，促进幼儿的深度探究。

活动反思

《指南》在艺术领域指导建议中提出："幼儿艺术领域学习的关键在于充分创造条件和机会，在大自然和社会文化生活中萌发幼儿对美的感受和体验，丰富其想象力和创造力，引导其学会用心灵去感受和发现美，用自己的方式去表现和创造美。"因此，我们利用漏花窗资源，吸引幼儿主动参与，感受漏花窗形状与图案之美。在感受和体验的基础上，为孩子们提供可直可弯、可长可短、可粗可细的薄木片，幼儿经过简单的加工就可以进行组合拼贴，制作漏花窗，同时尝试与同伴合作进行漏花窗的设计与创作，在亲身体验与互动合作中体验中国文化艺术之美。

大班幼儿对于感兴趣的事物有主动探究的愿望，但是受年龄特点和已有经验的影响，交流的内容大多以散点式、碎片式的形式呈现。我们以集体的方式开展活动，可以聚焦幼儿共同感兴趣的话题，在宽松的氛围中推动每一个幼儿更积极、更自主地表达对美的理解和感受，丰富其艺术联想，提高幼儿对艺术的欣赏能力和创作能力。

《纲要》指出："充分利用社会资源，引导幼儿实际感受祖国文化的丰富与优秀，充分利用各种教育资源，扩展幼儿生活和学习的空间，有效促进幼儿的全面发展。"因此，我们从本土出发，挖掘有效地教育资源"漏花窗"，从而生成大班艺术活动"最美漏花窗"。当活动取材于幼儿的生活经验时，他们就会产生极大的热情，更积极地运用自己的感官去发现、去尝试、去探索，从而使本土资源逐步走向具体的活动。教师会发现活动中蕴含着更多可供幼儿学习的机会，幼儿还可以在旧经验的基础上获得更多的新经验。通过整合各种经验，我们促进了幼儿的深度学习，实现了幼儿的全面发展。

（苏州市吴江区芦墟幼儿园　沈芳芳）

二、实践活动　弄堂里的植物（中班）

活动目标

1. 寻找弄堂里的植物，喜欢探索植物的根系。
2. 尝试运用各种形式，表达自己所看到的植物的根系。
3. 了解植物与环境的关系，喜欢并热爱大自然。

活动准备

物质准备：准备放大镜、镊子、小铲子等工具进行植物的根系探究。

经验准备：对弄堂中植物的名称有初步了解。

活动内容与方式

1. 实地走访弄堂，寻找弄堂里植物的生长地点、种类。
2. 对找到的植物仔细观察，讲讲弄堂里植物的外形特征。
3. 对寻找到的植物进行详细记录，如哪里找到的，生长在哪里，用图画或者符号进行记录。

活动中的指导

1. 带领孩子进行走弄堂的活动，发现和记录孩子的兴趣点。
2. 引导幼儿大胆探寻弄堂中的植物，并思考：生长在墙上的植物根在哪里，这些植物与周围环境的关系等。
3. 引导幼儿用多种表征方式记录自己的发现。

活动延伸

种植区：尝试把弄堂墙上的植物移植到班级自然角里，随时观察植物的生长情况。

（苏州市吴江区芦墟幼儿园　王菊红）

三、实践活动　九曲弄弯弯（小班）

活动目标

1. 在走弄堂中，能通过一一对应的方法，把找到的弄堂弯弯印在集章纸上。
2. 喜欢参加数弄堂弯弯的活动，在数弯弯的游戏中感受数数的快乐。

活动准备

经验准备：认识九曲弄，有走弄堂的生活经验，认识 5 以内的数字。

物质准备：印章、集章纸。

活动过程

1. 出发准备。

（1）幼儿能够顺序数出 1～5。

（2）幼儿了解什么是弯弯。

（3）幼儿能人手一个小袋子，里面有集章纸和小印章。

指导要点：活动前，先与幼儿进行手口一致的点数游戏，巩固数字认知。鼓励幼儿自主保管好自己的一份操作材料，到达目的地后再取出操作，让幼儿做活动的主人。

2. 去数弄堂弯弯。

幼儿走过一个弯弯，就在集章纸上按一个章，集满 5 个即为成功。

指导要点：熟悉的弄堂会让幼儿有安全感。在熟悉的环境中进行一一对应的数弄堂活动，幼儿会更放松和投入。不必急于让幼儿走完，让幼儿慢慢走，感受数弯弯和印印章的乐趣。

活动延伸

请幼儿展示自己的集章纸，并简单说一说，在数弄堂弯弯过程中遇到的小困难。

活动反思

我将数弄堂弯弯的活动从教室搬到了真实的弄堂。孩子们在走走、数数、印印中,学会了一一对应的关系。在活动中,我看到孩子们惊喜于自己的发现:"老师,这里有一个弯弯""我发现弯弯了"。他们在沉浸式地走弄堂中,自然而然地进行记录、进行交流。这样的活动利用生活中的实际情境,引导幼儿自主理解数的概念。孩子们和老师都期待着下一次的弄堂探秘。

（苏州市吴江区芦墟幼儿园　杨　洁）

活动叙事

⭐ 弄堂符号（大班）

一、穿弄堂会迷路

第一次穿弄堂,孩子们的想法多种多样:

"老师,这里好黑呀!"

"我发现手张开,就能碰到墙壁!"

"咦?这里和刚刚那里很像。"

……

回园路上,走在前面带头的小组长有点担心地小声说:"怎么还没到呀?"

"是不是走错路啦!"恬恬大声地喊道。

"呀!我们竟然迷路了!难道是地图上的路线有错误吗?"

弄堂地图似乎还缺少点什么……

迷路让孩子们发现了弄堂地图中的问题："一定是我们的地图不清楚，所以我们才迷路了。"孩子们说出了心里的想法。

于是，孩子们拿出幼儿园的地图和弄堂地图进行比较，发现原来完整的地图上除了路线还要有符号。

初次走弄堂，孩子们就能发现弄堂地图中存在的问题，这真是一件令人欣喜的事儿。那么，什么是符号呢？哪些事物可以作为弄堂的符号呢？这些问题都等待着孩子们去探寻。

二、探寻弄堂符号

幼儿园的地图上有树木、皮球、种植地、滑梯等符号作为户外游戏区的标志。那么弄堂里有哪些事物可以作为弄堂的标志，帮助我们不迷路呢？又如何将这些符号记录下来呢？孩子们发表着自己的想法。

"我们可以画画呀。"唐唐说。

"我们之前就是去写生画画的。"恬恬极力赞成唐唐的想法。

"可以拍照拍下来。"萌萌慢慢地说了新的方法。

提到拍照，孩子们一下子就激动了："啊？难道我们要带手机来吗？"彤彤张开小嘴巴，一副惊讶的表情。"我有一个小相机，我要带过来。""我有 iPad……"

对于寻找弄堂符号需要用到的记录工具，孩子们有自己的想法，经过一番讨论，孩子们自主选择，有的使用拍摄工具，有的选择用画板实地记录。一番分组准备后，孩子们出发了。

"平安弄转角入口这边有好多的窨井盖。"

"这是我们拍到的，这是个很特别的标志……"萌萌把手机拍到的标志展示给同伴看。

"有好多条弄堂，袁家弄黑乎乎的，拍个大黑洞！"他们把可能设计出符号的地方都拍了下来。

"我画的是一些墙上的符号，你看，很多凹凸不平的圆圈。"橙橙边说边展示着自己画的图案。

孩子们共同努力，收集到了不少"符号"。

……

亲子合作筛选符号时，孩子们各抒己见。

"我拍的裂缝砖头是在平安弄的入口那里，那边是走不通的。"小宇分享着平安弄分支墙角的裂纹。

"爸爸，我发现了墙壁上的符号，像个'二'字，是在史家弄的。"萌萌说。

爸爸低头看着萌萌标注的位置，还有拍到的标志图片，认为这个标志也是很重要的符号。

"平安弄窗口上有棵小草，我也把它拍下来了。"

"我拍到了弄堂里有一个旧的瓶子。"

"这个标志会被人拿走的！"有的孩子们提出疑议。

探寻弄堂符号时，孩子们不仅会分组、会寻找，更会筛选。在考虑标志是否合适时，孩子们利用举手投票的方式，对标志进行了筛选。他们聆听同伴和家人的理由，

体会什么更合适,什么不合适。孩子们在这一过程中学会了辨别。弄堂的符号到底设计得如何呢?孩子们的表现会怎么样?期待孩子们下一步的行动。

三、设计弄堂符号

符号毕竟是抽象的,面对拍好的标志,孩子们会如何设计呢?

"我画平安弄的窨井盖。"尧尧拿着纸,看着拍好的照片开始设计符号,"我先画出形状。"

恬恬指着平安弄转角处的照片说:"我要画墙上的宝石花,因为它一直都在这里。"

……

"这些符号这么大,我们怎么贴在地图上啊?"

画好的符号根本就贴不下,于是我们又开始进一步的探索:

符号标志大概是多大更好呢?

孩子们尝试着用手指比画弄堂地图的每个符号的大小。

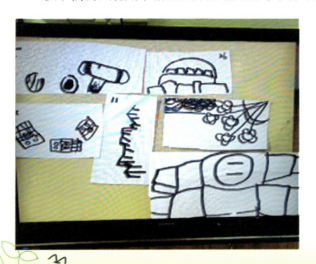

"大概这么大。"沐沐举着手,示意给我看。

"这么大"是多大呢?

按照沐沐"这么大"的距离,孩子们在幼儿园内寻找同样大小的物品:一片树叶、一根树枝、一块石头……

根据自己找到的"这么大"的参照物,晗晗用勾线笔勾画出小小的方形,用剪刀剪下来。

"这个纸真是太小了。"恬恬一边画一边嘀咕。于是孩子们尝试把符号标志画得更精简一些。

弄堂符号设计完毕，孩子们聚在一起欣赏，相互介绍自己的作品。

"我画的是庞家弄，望进去的路像三角形的。"

"黑弄堂的标志告诉大家要小心。"

"这里转弯口的裂缝很特别。"沐沐也介绍说。

"这么大"的距离有多大？孩子们根据这一问题，在幼儿园里寻找着合适的物品。他们对事物进行观察与比较，发现其相同之处。孩子们用寻找到的物品作为测量工具，裁剪出大小合适的纸，再进行符号绘画。弄堂符号设计好了，接下来也是孩子们最期待的贴符号了。那么他们会把符号贴在地图的什么位置呢？

四、地图中的弄堂符号

对照记忆，孩子们开始分工把每一个标志贴在相应的位置。

"这个在平安弄的。"沐沐拿着符号对菲菲说。

"这个不对，这个是史家弄快出去的地方。"菲菲拿着屋檐符号调整道。

相对完整的弄堂符号地图就完成了。

"哇！我们的弄堂地图做好了！"妍妍高兴得笑了，她对这个结果很满意。

"我看到我们设计的符号了,在这里!"

"现在我们一定不会再迷路了。"辰辰倒是想到了一开始我们的目的。

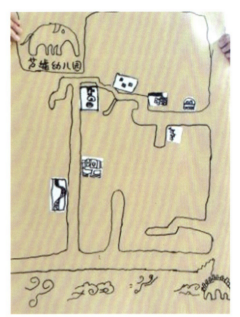

"以后不会迷路了吧!"

"走一走呗!"

带着全新的弄堂地图,孩子们分组前往弄堂寻找各处的符号。

这一次,我们都没有迷路。

"真好玩,下次我要带我弟弟也来走一走弄堂。"沐沐开心地说。

"你弟弟就是小班的焱焱吗?"汐汐说道。

"对呀!我弟弟也喜欢玩迷宫的游戏。"

沐沐的一个想法让孩子们有了更大的分享欲——邀请弟弟妹妹一起穿弄堂。

孩子们带着弄堂地图到小班,给弟弟妹妹宣传幼儿园周边的"弄堂迷宫"。

"我们是大班的哥哥姐姐,我们想邀请你们一起去走弄堂迷宫,你们想去吗?"

"想!"小班的孩子们异口同声回答道。

"这是我们设计的一些弄堂里的标志,有了这些标志,我们就不会迷路了。"

萌萌接过沐沐手里的地图,一边指着,一边向弟弟妹妹介绍各种符号的意思。

"有很多条弄堂,可以告诉我们,你们想要去哪条弄堂。"

从初走弄堂时的计划到完成这份弄堂地图,孩子们经历了许多事,实现了他们最初的愿望。他们忍不住把这份快乐分享给身边的朋友们。小班的弟弟妹妹会想去哪些弄堂呢?他们又会发生什么故事呢?期待下一次活动中孩子们的表现呀。

五、我是弄堂小导游

"妹妹,你要拉好我的手哦。"妈妈拉着小妹妹的手,一边走,一边介绍着,"这里是九曲弄,两边都是房子。"

"我们要去哪里还记得吗?"辰辰问道。

弟弟指着弄堂上的标志说:"黑洞洞。"

"这边有很长的一条弄堂。"

"这里画了个螃蟹,这里叫庞家弄。"

孩子们像一个个小导游,补充着弄堂的小知识,介绍着弄堂符号具体代表的标志。

"这里的小花就是墙上的那片花。"天天说,"以后你走到这里就知道这里是平安弄了。"

"这里是裂缝的符号,这条路走不通,不要进去。"

……

"小导游"的工作结束了,弟弟妹妹开心地和大哥哥、大姐姐说再见。虽然嘴上说着累,但是孩子们的笑容藏也藏不住。

弄堂符号的故事到这里告一段落了。

但我们相信"穿弄堂"的故事还将继续下去。

尾声

"弄堂符号"课程开展的过程中,孩子们遇到问题后不怕困难,积极探索,思考解决办法,并且能够和同伴一同协商,制订可行的计划。在设计符号大小遇到问题时,能够在幼儿园里寻找各种测量的工具,裁剪纸张制作弄堂符号。无论是通过课程初期"自己的家乡""迷宫一样的'弄堂'"等活动,引发孩子对于穿弄堂的兴趣,还是后期的绘画和实践,这些,都是源于孩子的发现、始于

孩子的兴趣、基于孩子的问题。因此,他们能保持持久的探索热情,学习兴趣和好奇心也在这样的过程中一再地被激发。良好的学习状态意味着孩子们热情而投入,将学习落实到行为上,在寻找和设计弄堂符号的时候,专注而投入,不受干扰。在整个过程中,孩子们遇到问题不怕困难,坚持完成自己的任务。他们长期投入在这件事上,在不断的尝试中更好地了解弄堂。由此可见孩子们对于探索活动的坚持和专注。

回顾整个活动,孩子们的表现还是可圈可点的。他们运用自己的方式来表现自己对弄堂的理解和认识,并询问相关的问题。本次活动中,家长们也有一定的参与,看得出家长们在背后的帮助和支持。家长们的文化水平

和知识素养普遍较高，他们甚至给予老师们诸多帮助，课程也因此得以更加完善。我们秉持着科学的态度，运用科学的方法来研究孩子们感兴趣的问题，对于幼儿来说，在生活中获取经验或许更具有深刻的教育意义。穿弄堂还会带来什么新的故事呢？我们期待着……

（苏州市吴江区芦墟幼儿园　钱丹凤）

⭐ 弄堂搬进幼儿园（大班）

缘起：前期弄堂的探究之旅

假期里围绕弄堂资源，我们班的孩子开展了一次又一次的弄堂探究之旅，特别是对像迷宫一样深邃曲折的弄堂有着许许多多的问题：弄堂为什么叫这个名字？弄堂里住着谁？弄堂是怎么造的？……这学期我也时常看见孩子们在区域游戏中用各种方式探究着他们想要了解的弄堂。本以为关于弄堂的话题到此为止，没想到孩子们对弄堂的兴趣依然很浓。

（一）一次弄堂区域建构引发的争议

区域建构游戏开始前，孩子们画了一张简单的"弄堂计划书"。搭着搭着，慢慢出现了满地都是"弄堂"的场面。"建筑师们"聚在一起讨论着他们建构的"弄堂"。小严指着自己搭的"弄堂"生气地解释着："我建的就是爆射弄、三元弄……这里，这里都是弄堂，看！和计划书一样的。"阿七笑道："这哪里是弄堂，这分明就是马路，我以前也是这样搭马路的。"小严还是不服气指着自己搭的"弄堂"说："我明明建的

就是弄堂，弄堂细细窄窄的，你的马路有这么窄吗？"这时，小雨在一旁问道："弄堂是有高高的墙的，你的墙呢？没有墙那就是马路啊！"小严拿起身边的积木解释道："建构区里的积木这么小又只有这么一点点，你看我搭了弄堂就没积木搭墙了，再说了，建构区就这么点大，我都已经走不进去了，哪里还搭得下？"小严边解释边用积木在旁边摆弄着。"建筑师们"都陷入了沉思……

（二）讨论：弄堂建在哪？用什么材料好呢？

基于前期的争论，孩子们也发现了两个最主要的问题：建构区太小了，弄堂建在哪里合适？建构区里的材料也不适合，怎么办呢？

小严说："我觉得可以在操场上建构！"阿七听了一下子就反驳起来："刮风下雨怎么办？要是再来一次龙卷风就前功尽弃了。"小严继续提出自己的想法："那就大厅里，这里既大又不会刮风下雨。"这次嘟嘟反驳道："不行不行，那里是弟弟妹妹入园的等待区，他们会把我们的弄堂弄坏的。"到底建在哪呢？于是老师带着孩子们在幼儿园里实地勘察，也在一些场地进行了简单的建构尝试，寻找合适的建构场地。最终孩子们在幼儿园二楼的角落找到了一个隐秘、宽敞、安静、不怕风雨的场地——舞蹈房。孩子们这里瞧瞧，那里比画比画，满意地说："这个场地太好了，就是这里了！"

有了场地，那用什么材料合适呢？孩子们再一次在全园进行寻找：有的孩子找到了一些泡沫积

木，有的孩子找到了很多的垫子，有的孩子找到了很多的硬纸板……我们鼓励他们用找到的材料都去试一试，但最后因为体积和数量关系都没有成功。有一天吃完点心的小严提出一个想法："我们可以用牛奶盒！牛奶盒比积木大，而且牛奶盒就是砖头的形状。"阿七补充说："牛奶盒确实比碳化积木宽、比碳化积木大，而且我们幼儿园有那么多的牛奶盒，在大厅、专室、操场上都有！"小雨说："对对对，

舞蹈房里还有超多的牛奶盒呢！"于是老师把孩子们带领到了舞蹈房，当他们看到那么多的牛奶盒后，七嘴八舌地说道："这么多牛奶盒肯定可以搭十条弄堂了""牛奶盒比积木都要大，搭起来肯定比积木稳""这里的场地真的好大，还不用怕被风吹倒。"……既然找到了适合的场地和材料，那我们就去大胆尝试吧！

一、初建弄堂——一次失败的经历

（一）弄堂计划书

每一次的搭建孩子们都会去制订计划。那建构弄堂要画什么样的计划图呢？孩子们一个个都有话说："我要建一条长长的、弯弯曲曲的。""我要建一个像迷宫一样的。""我要建一个有暗有亮的弄堂。""十字弄可以多一点。"……孩子们你一句我一句，对这一次建构大型弄堂都有自己的想法和准备。

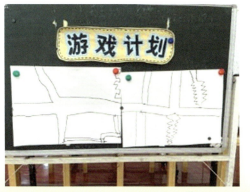

（二）从平面到立体

弄堂建构开始啦！在第一次的建构中，孩子们很快就在一条分界线——"主干道"的左右分别开工建构。孩子们目的明确，各自建构着自己的"弄堂"，一会儿他们认为的弄堂就建构好了。但是质疑声再次出现。小严说："不对不对，还是没有弄堂的感觉，走着像是条马路。"小乐也应和着说："对！没有迷宫的感觉。"阿柒也走了走说："我们搭的还是像马路，这一块块就是马路边的房子，到底是建弄堂还是建房子？"玥玥听了看了看计划书和身后的"弄堂"说："弄堂是窄窄的、弯弯曲曲的，你们根本就没搭出这样的弄堂，弯都不弯这哪是弄堂？"小严摸着脑袋说："我想搭弯弯曲曲的，但是我搭着搭着就忘了。"阿七也顺应着说："对啊，图在黑板上，地上又没有，要搭出弄堂太难了。"

二、再建弄堂——将地图"复制"到地面

怎样将地图复制在地上呢？雨欣说："我家在造新房子，我看工人用尺子来量好造到哪里，这样就知道造房子的范围了。"小豪说："我看到短视频里边有个人造房子是用线来圈好自己的房子，像正方形的样子，然后再用线去划分房子里的房间，我看到的不是尺子。"我们一起

利用网络找到了相关的视频，孩子们初步有了如何在实地进行图纸规划的方式。最终决定先在场地内圈地，然后在圈住的范围里按建构计划去画一条条弄堂。那用什么材料来规"画"呢？这一次孩子们调动了已有经验，说用绳子在地上"画"弄堂，虽然视频里、现实生活中建房子时绳子实际是用来辅助砌墙的，但是孩子们能够迁移经验，将绳子当作画

笔，将计划图纸复制在地面上。在孩子们互相配合、规划、调整后，我们的弄堂地图出现啦。孩子们心满意足地看着自己规"画"的弄堂地图。但是也有孩子提出了自己的看法："这个和我们的地图有点不一样啊。"芸芸解释道："不一样也没关系，计划赶不上变化！"阿七说："其实只要把我们规'画'的弄堂搭出来，以后不管什么样的弄堂也难不倒我们。"就这样孩子们通过分工合作、收集绳子、落地规划，用他们的方式成功将弄堂设计图纸"复制"到了地上。虽然实际操作和计划存在差异，但是这也让游戏更具有挑战性和趣味性。

三、平地而起的弄堂

（一）砖墙排列的初次尝试

有了场地、材料、地面规划图后，孩子们的建构开始了。这一次建构中，几乎每一组的小朋友都用了最常见的方式进行墙面垒高。可是用牛奶盒实打实地往上垒，不一会儿牛奶盒就都被用完了，最主要的材料（牛奶盒）不够了，如果继续收集这么多牛奶盒也是有一定难度的。那如何利用现有的牛奶盒将墙体变高呢？孩子们带着问题思考了起来。

（二）架空垒高　改变墙体高度

区角建构游戏中，两组小朋友在建构不同形式的动物园，阿七一组正在和成成一组比赛。阿七说："你们建的动物园也太矮了吧，这样小动物都能从围墙上面跳出去。"边说还不忘用手里的动物玩具演示下。阿七说完便介绍起

他搭的动物园："我的动物园比你的高多了。"边说边用手比画了起来。成成说："你的积木都竖了起来肯定比我的高啊,但是你的有洞,动物都能从洞里钻出来。"阿七解释说："没事,我的洞里有电网,他们才不敢触碰呢!"游戏后,阿七和成成分享了他们的建构作品,孩子们也将横向建构和竖向建构做了对比,孩子们有了新的想法:我们建构弄堂也可以用竖向的方式建构墙体,这样即省牛奶盒又能让墙体增高。

在这一次区角游戏给孩子们带来启发后,他们开始第二次建构游戏。这一次孩子们针对墙体高度的问题调整了牛奶盒的建构方向:让原本横着建构的牛奶盒竖立起来,并合理地利用牛奶盒与牛奶盒之间的距离,将牛奶盒连接在一起,然后再用同样的方式往上一层一层地架空垒高。很快弄堂慢慢升起,这样终于有了弄堂的感觉。但是孩子们也发现,利用架空的方式在墙体拐弯处很难建构。虽然小严和同伴们也尝试在拐弯处连接墙体,但是并没有成功,最后还是呈现了一片一片式的墙体,无法互相辅助加强墙体的稳固性,而且整个"墙"没有墙的感觉,反而像是"窗户""桥洞"。小严也感叹说:"这个墙看着有点危险。"这次建构后,孩子们又展开了新的讨论。阿七说:"可以添加一些辅助材料,让墙体能够'拐弯'。"小雨补充说:"最后再利用一些辅助材料,如套杯、积木、纸管等装饰在架空的'洞'里,这样墙就会看起来更'满'了。"

(三)多米诺骨牌引发的斜砖墙挑战

在一次活动展示中,客人老师和孩子们交流说:"我看到过的弄堂里的墙是斜着砌的",并画了一张图纸给小朋友,请小朋友来挑战一下"斜砖"的方式。孩子们欣然接受了挑战。但是孩子们使用的材料是牛奶盒而并非砖头。成成拿着牛奶盒斜着摆了几次,但都滑了下来。砖头斜着能用水泥来黏合加固,牛奶盒怎么斜着"砌"呢?

在一次玩具分享日,桐桐带来了一套多米诺骨牌玩具。在骨牌被推倒后,呈现出一种倾斜又互相依靠的状态。孩子们发现后兴奋地叫了起来:"我们的'墙'也可以用这样的方式去倾斜,这样就能出现斜砖墙了!"发现了这个方法后孩子们迫不及待地想要去试一试。他们将一排竖着的牛奶盒一推,牛奶盒果然像多米诺骨牌一样倒了并且倾斜着互相依偎着。但是由于牛奶盒有一定的厚度,头和尾的几个牛奶盒总是会滑落下来。虽然孩子们也尝试去改变盒子间的距离,甚至一个个直接斜着摆,但是最后总会滑落。孩子们觉得要让所有牛奶盒都斜着是没办法实现的。突然有一天小邵在建构区里叫了起来:"我成功了,我成功将所有的盒子都斜过来了!"小伙伴们全围了过来。我鼓励小邵将自己的方式画了下来,并分享给小伙伴们。小伙伴们看了后也迫不及待地去尝试起来:第一种方式,两边都用牛奶盒制造一堵墙,中间是倾斜的牛奶盒;第二种方式,是利用牛奶盒上的一个支点,支点在哪?小邵给了很好的建议:"就是离牛奶盒短边很近的一个地方。"说着小邵还用笔在牛奶盒上画了个标记,"就是这里,这里能撑住让牛奶盒不往下滑。"说完小邵还在其他的牛奶盒上都画上了标记,并且鼓励同伴也去试一试。果然再次建构时听到了很多小朋友欢呼的声音:"成功啦!"

四、弄堂里有门有窗有屋顶

弄堂建构好了,但似乎还缺少了点什么。彦成说:"门、窗呢?"豆豆说:"还有屋顶呢?"于是孩子们又有了新的挑战——弄堂中的门、窗、屋顶用牛奶盒怎么搭呢?孩子们思考了片刻就有了一个简单的想法:画一个窗、做一个屋顶、堆个门一样大小的墙,不就有门、窗、屋顶了吗?孩子们认为这是一个非常简单的问题,但是事实真的如此吗?

（一）有趣的屋顶

弄堂的屋顶是什么样的？孩子们回忆起弄堂说："弄堂里的屋顶都是黑色的，有的上面还有'角'和'怪兽'。"根据孩子们的印象，我们一起寻找制作屋顶的材料。正逢幼儿园里的弄堂进行改造，我们经过环境组老师的同意，捡来了一些现成的次品屋顶，还进行了二次改造。但是现成的屋顶数量有限，孩子们所需的屋顶还远远不够，于是我们又找来了一些材料，通过孩子们的创意制作了一些DIY屋顶，有纸杯的、KT板的。就这样一个个有趣又有创意的屋顶在我们的弄堂里架了起来。

（二）稳稳的门

门是什么样的呢？孩子们提议先观察门都有哪些部分。通过观察教室里的门，孩子们发现了

门的一个要素——门框，孩子们一下子来了兴致："我们先搭个门框。"门框两侧孩子们用牛奶盒进行了垒高，那中间怎么办呢？小雨说："我们把牛奶盒粘起来。"孩子们尝试用透明胶带将牛奶盒几个几个地绑起来，再架到垒高的两个门柱上，但是悬空的牛奶盒长度一长，中间就会凹陷下来，感觉随时会掉下来。孩子们又提议在牛奶盒下面垫一块板，这个办法很快就让门搭成功了。

（三）神奇的窗户

屋顶和门都解决了，还剩窗户了。孩子们笑着说："窗户最简单了，我们镂空的地方就是窗户。"芸芸说："那万一下雨怎么办？我们要做一扇能够开关的窗户才行！"能够开关的窗户要怎么做呢？很快孩子们带着问题又开始各自尝试了起来。芸芸先将两个牛奶盒侧着摆在了"窗台"上，然后用手将两个牛奶盒一推，"窗户"就开了。但是这个窗户太小了，只有一个头的大小，这可不行。那如何将窗户变大呢？芸芸说："我们多放几个牛奶盒不就行了！"但是如果没有先将牛奶盒整体粘

起来，要将它们整体打开还是有困难的。于是我们在网络上寻找到一扇神奇的窗，通过欣赏，孩子们很快就有了自己的想法。阿七先选择了一面交错垒高的墙，然后找了个合适的位置，小心翼翼地将牛奶盒从下往上一个个往外推，使原本横着的牛奶盒慢慢转到外侧，就这样一个接一个地往外转，一个螺旋式打开的窗户出现了。孩子们纷纷表示，这真是一扇神奇的窗户。

尾声

在建构弄堂的过程当中，我们惊喜地看到孩子们的成长。孩子们的建构技能并不是通过一两次的建构就可以培养的，而是在一次又一次突破创新中，逐渐呈现出来的：从开始只是叠加垒高，到镂空式叠加垒高，并把游戏中的经验落实到建构行为中，成功挑战了最困难的斜砖，最后还不满足于建构墙体，建构出了门、窗、屋顶。就是经过这样一次次不断尝试，我们看到了孩子不断追问问题、解决问题、获得完整建构经验的过程。孩子们深刻感受到了从平面到立体的认知及空间的概念。这一整个过程，让孩子们收获了各方面的发展，也让我们看到他们身上的灵气和无尽的创造力。

（苏州市吴江区盛泽幼儿园　沈　静　张　艳）

⭐ 弄堂弯弯乐（小班）

缘起

"我家住在南渔新村76号。""我家在120号。"……分享中，孩子们围绕"我家住在哪儿"的话题展开了讨论。

"老师，你知道幼儿园的地址吗？"晨晨期待地问。我笑着摇摇头，期待着他们自己去寻找答案。

"我们去看看吧，幼儿园门口也有我家门口的蓝牌牌。"

站在一边的嵩嵩建议。

"48号!"来到园门口,子兮一下子就发现了大门侧面蓝色地址牌上的数字。

"九——曲——弄。"安静几秒后,认识字的小恺慢慢地说出了地址。

"九曲弄是什么意思呢?"我试探着问孩子们。

"弄?是不是一条龙啊?"孩子们因为嵩嵩的大胆猜测哈哈大笑,我也笑了。

幼儿园是孩子们的第一个大"家"。芦墟幼儿园所处的弄堂中蕴藏着浓浓的地域特色,无论建筑、人文还是风土人情,都非常值得孩子们去了解、去探秘。于是,我们决定从九曲弄48号出发,开始第一次弄堂之旅,揭开弄堂神秘的面纱。

一、幼儿园在九曲弄

"你们知道什么是弄吗?"面对这一问题孩子们一脸疑惑。

于是,我们拍摄了九曲弄的照片,与马路的照片进行对比,孩子们的话匣子一下就打开了:"马路很宽的,可以有车子开来开去。""路边还有树。""马路边有商店。"

"这个两边都是房子。"……对比中孩子们逐渐了解了弄堂的基本特点。

"那'九——曲'是什么呢?"我有意将两个字分解开,继续引发孩子们思考。希希、子兮、小周用手比画着画出了"9"。希希求证道:"九就是数字9吧?""曲?曲项向天歌?"子兮猜测着念起熟悉的诗歌。"肯定是弯弯曲曲。"晨晨迫不及待地也说出想法。"可能是有9个弯弯曲曲吧!"嵩嵩把两个小伙伴的话连了起来。"你们来上学的路上有发现九个弯弯曲曲吗?""有!""没有!"孩子们为九曲弄是否有9个曲而争论起来。

寻找九曲弄成了揭开孩子们心中谜团的第一站。

"老师,我没有找到9个弯曲!"妍妍一进教室就略带遗憾地跑来报告。"我没有走,我直接去外面的停车场回家了。"思辰一脸遗憾。"我也没走。"……孩子们满满期待的小眼神决定了我们的行动——大家一起去走一走,寻找九曲弄。

孩子们带着"九曲弄48号"字卡,左手贴花花标志、右手贴苹果标志,从幼儿园出发了。

"46号!"出门右转向苹果方向刚走几步,孩子们就发现幼儿园右边斜对面门牌号上的数字。在孩子们的提示下我们拿出字卡对比。"和九曲弄一样!"孩子们兴奋起来。于是他们决定沿着苹果方向继续向前。

"42、41、40、39……""转过弯是38。"熙熙说出自己的猜测。"你是怎么知道的?"我惊讶地问。"数字越来越小了,所以我知道。""38号!38号!"容易激动的皓皓用手努力地指着墙上的数字38大声地喊。"真的是38号哎!"我也惊喜地附和着。慢慢地,孩子们似乎发现了门牌号的规律。

随后孩子们往花花标志方向转,一路向里寻去。"这里是九曲弄吗?""不是不是。"对比字卡后孩子们立即否定。"……弄?"小雷试着说出最后一个字。"庞家弄。"我指着弄堂名告诉孩子们。

在寻访到九曲弄10号时,我们遇到了住在这里的关工委张爷爷。孩子们借机采访张爷爷后

得知，很早以前的九曲弄真的是一条有9个曲并且狭窄而弯曲的弄堂，后来因为道路改造，现在的九曲弄变宽了，曲也变少了。

寻找中，孩子们通过对比、推测门牌一路寻找九曲弄，还意外成功验证了对于九曲弄有9个曲的猜测。一路寻找中，孩子们发现幼儿园周边除了九曲弄，还有许多其他弄堂，这正是孩子们了解弄堂、了解幼儿园周边弄堂环境的最好机会了。于是我们决定去寻找其他更多的弄堂。

二、寻找身边的弄堂

刚出幼儿园孩子们就看到了上次偶遇的那条四字弄堂。"工……"孩子们思索着。"工交办弄。"我再次向孩子们介绍。

"'公交半弄'？哦，我知道了。"小孙重复着我的话。

前面还有什么弄堂呢？大家继续向前探寻。

"好臭呀，这里是垃圾弄吧？"思瑜和晨晨一边捂着鼻子一边指着弄堂口的垃圾说。庞家弄

大多是租户，加上修路，弄堂口堆满了垃圾。"这是庞家弄，还要继续往里走吗？""要！这里可以走到外面的。"住在附近的妍妍提供了新信息。孩子们捂着鼻子向前进。"老师快看，这里有一条很黑的弄堂！"随着嵩嵩的呼喊声，大家看到了一条漆黑又狭窄的弄堂。"这里还是庞家弄吗？"指着弄堂口的路牌我提出疑问。"第一个字不一样。"小

恺指着路牌说。"你的眼睛真厉害，这是柳家弄。"我对小恺的发现表示赞赏。

孩子们兴奋无比地走进黑黑的柳家弄，有的孩子小手撑着两边墙壁小心翼翼地走，有些胆大的孩子在黑弄堂里跳来跳去，哈哈大笑。钻出长长的黑弄堂，转个弯，咦，我们从黑黑的柳家弄走到了另一条袁家弄了。"真神奇呀！"孩子们手舞足蹈地鼓起掌来。"这里面好绕呀，一直在转来转去，有好多转弯的地方。"嵩嵩说着自己的感受。"这里好像迷宫呀，我都要晕了。"小周笑着说。

多么刺激的一次弄堂探险啊！探寻中孩子们感受着弄堂宽窄变化、明暗交替的独特空间特点，还发现了弄堂弯弯曲曲、可以连通的秘密，这对小班宝宝来说是多么宝贵的经验啊。同时，我想，对于这些难记的弄堂名字，孩子们一定也有自己独特的理解吧。

三、弄堂名字画一画

回园分享中，我们一边欣赏照片一边回忆走过的弄堂。"这里是工交办弄"。"公交？"小孙孙重复着，笑眯眯地说："画一辆公交车，我就记住了。""对，画个公交车，加上一半圆圈！"嵩嵩急着补充。

依照孩子们的想象，"公交半弄"诞生了。

"九曲弄可以画……"晨晨思考着还没说完，芊芊就忍不住补充，"画一个9，再画弯弯曲曲的线就可以了。"并且将这个好主意展示给大家。

"庞家弄呢？""家可以画一个房子。""庞可以画一个螃蟹。"没等子分说完，嵩嵩又激动地站起来发表想法。"画一个胖胖的人，肚子很大，就像我爸爸一样。"晨晨一边说一边捂着嘴巴笑。

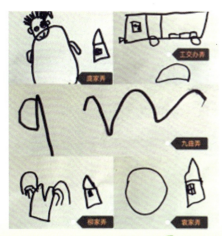

柳家弄——柳树加房子。

袁家弄——一个圆圈。

孩子们的想象力真是太丰富了。这种通过谐音、联想的方法表示弄堂名字的创意来源于前一次探寻弄堂时孩子们对于"住在体育路的人是不是很喜欢运动?"的突发奇想。弄堂不仅有妙趣横生的名字,还有孩子们在弄堂弯弯绕绕间最真实、最有趣的体验。

四、弄堂里的大弯弯、小弯弯

弄堂穿行中,孩子们有时随着弄堂转变方向进入新弄,有时随着弄堂弯弯曲曲前行,犹如小蛇蜿蜒穿行,又犹如躲猫猫。

"弄堂弯弯曲曲的,真好玩呀!"

"有的弯弯是大弯弯,也有很小很小的弯弯。"小周笑着说。

好奇特的说法,我连忙追问:"什么样的是大弯弯,什么样的是小弯弯呢?"

"有的弯要这样转过去的。"嵩嵩一边说,一边直行后右转前行。"有的弯就这样扭一扭。"只见小周扭动着身体从上到下,小手也合在一起,像一条小蛇,他用动作表达对弯弯的理解。

我豁然理解了孩子们口中的大弯弯和小弯弯,也为孩子们想出的小蛇样弯弯动作感到惊喜不已。"那什么动作可以表示大弯弯呢?"我把问题抛给孩子们,让他们去思考创编。"这样大大的。"小橙子忍不住伸开双臂,像小飞机似的在移动中不断改变方向。

"弄堂里的弯弯有许多许多,哪些是大弯弯,哪些是小弯弯呢?怎样知道呢?"我请孩子们思考。"我们可以走慢一点,一个一个地找。"嵩嵩骄傲地说。

虽然孩子们对弯弯有了初步的意识区分,但要分辨弄堂里的大弯和小弯只有走进弄堂才能帮助幼儿收获更直接的经验。

"大弯弯""小弯弯"……孩子们边走、边找、边用动作表达对大弯弯、小弯弯的理解。在九曲弄与庞家弄的交界处,孩子们有了分歧。于是,我们分为2组:喜欢探险的孩子去黑弄堂里找弯弯,感到害怕的孩子沿着宽宽的九曲弄找弯弯。

大约45分钟后孩子们聚集在一起分享找到的弯弯。"黑弄堂里有很多弯弯,但是有几个大弯弯走不通。"子兮完整地说出自己的发现。"九曲弄里只有2个大弯弯,有很多小弯弯。"妍妍一边做动作一边说。

"那走不通的弯弯算不算呢?""不算了,不算了。"孩子们异口同声地达成共识。

"我要让妈妈陪我去黑弄堂里找弯弯。""对,我也要带妈妈去黑弄堂,她一定会害怕的。我保护她。"……寻找后的分享为没能走进黑弄堂的孩子鼓起了勇气,引发了孩子们的共鸣,他们对亲子找弯弯充满了期待。是啊,也许生活在弄堂里的爸爸妈妈也未曾留意过周边的弄堂以及弄堂里的弯弯吧,亲子找弯弯真是一个不错的建议。

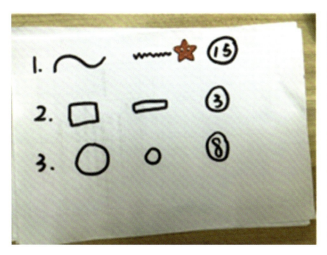

五、快乐的弯弯游戏

(一)绘弯弯

"爸爸妈妈怎样准确知道哪个是大弯弯,哪个是小弯弯,哪个弯弯不算数呢?"我引发孩子们思考。

小橙子不由自主扭动着身体说:"可以画一个一个弯贴上去。"

"怎么知道是大弯还是小弯呢?"我追问。"大弯弯可以画得高高的,大大的,小弯弯就画很小很小的弯。"旁边的芊芊补充说。

"还可以画大圆和小圆吧?画一个大大的圆代表大弯弯,画一个小圆代表小弯弯。"小航提出想法。"还有不同的想法吗?"我接着问。嵩嵩小手一指说:"画一个方方的、大大的表示大弯,细细的表示小弯吧。"到底哪一种表达方式更能得到孩子们的认可呢?投票决定。最终,弯曲的线条以15票胜出。孩子们用黄色做弯弯标志的底色,认真地描绘着大弯弯和小弯弯,因为他们认为马路上的标志都是用黄色提醒他人的。

(二)说游戏

弯弯标志确定后,孩子们自由而热烈地讨论期盼已久的亲子游戏计划。"我想知道去黑弄堂需要走过几个弯弯?"小孙孙说。"我想走10个弯弯。""我想去九曲弄1号,但是我要去黑弄堂里找一找弯弯。"……讨论中,孩子们的想法聚焦于以下3种:① 按照弯弯的个数找门牌;② 数弯弯找确定的门牌；③走自己设计的路线穿弄堂数弯弯。

"玩游戏需要准备什么呢？"

妍妍回答说："铅笔。"嵩嵩说："走过几个弯弯要记下来的。"秦雨晨补充说："要把弯弯记下来，画个标志，贴弯弯的就把他画下来，没贴的就不算弯弯。"

"怎么记呢？"

"可以画点点，三个弯弯就画三个点点。"希希想到了好主意。按照孩子们的提议，我在纸上画出他们看得懂的游戏闯关卡。

通过数弯弯、记个数，孩子们不仅可以快乐游戏，还能积累点数和记录的经验呢！真是一个好主意！

"还有吗？"

"要把弯弯标志贴在墙上，这样不会数错。""还要告诉周围的爷爷奶奶不要撕掉我们的标志。""还有抽奖用的数字。""还有通知爸爸妈妈来参加我们的游戏。"……孩子们都大胆地说出了自己的想法。

(三)做准备

按照商定,孩子们分头贴标志。嵩嵩第一个说:"我走柳家弄黑黑的弄堂,到袁家弄,再往前走可以到西中街。"希希接着说:"我贴九曲弄,一直走,是最快的。"大部分孩子积极地选择心仪路线,而心沂、辰辰犹豫的小眼神引起了我的注意。"你们想去哪条弄堂呢?"我问。"我想走九曲弄,然后……往那边,那个弄堂是……"心沂有点难为情,似乎想不起来了。

"如果爸爸妈妈也不记得弄堂在哪里,那就不能成功地玩游戏了。你们有办法让大家都知道每条弄堂的名字和位置吗?"

机灵的嵩嵩又提出了建议:"可以在纸上画好我们的弄堂和名字,拿在手里。"

"每条弄堂的名称和大概的位置你们还记得吗?"我问。心沂点点头。"那你们来说弄堂的位置和名称,我来帮你们画,不对的地方你们记得提醒我哦。""好的!"孩子们表示赞同。

"往前走也是九曲弄。""往花花的方向转进去可以走到工交办弄,回到九曲弄。"

"往苹果的方向走一点点就是黑弄堂了。""柳家弄。画一棵柳树,一个房子。"……

孩子们虽然不会画地图,但是在实地走访中,弄堂的大致位置已经留在了他们的脑海中。他们一边回忆一边教我画。分工合作中,我们探秘过的弄堂地图完成了,也许这是第一张属于宝宝们自己的地图吧。

(四)弯弯游戏开始了

期待已久的弄堂亲子游戏开始了。孩子们穿着红马甲,带着闯关卡和地图来到抽奖箱前。有的孩子抽到2个弯,有的抽到3个弯,还有的孩子抽到了最多的5个弯。家长根据孩子们的意愿选择一条喜欢的弄堂开始数弯弯,这对孩子们来说太简单了。

宝贝们很快进入第二轮的挑战。抽到"袁家弄10号"的心沂带着奶奶走到了柳家弄口,奶奶停下脚步怀疑地说:"这里是柳家弄?肯定不对的。""就是从这里走的呀。"心沂坚持自己的想法。奶奶半信半疑地跟着心沂继续往前走,来到了黑弄堂口,奶奶拉着心沂扭头就往外走,一边走一边嘴里还嘟囔着："肯定不在这里的，我们走出去问问别人。"无奈的心沂只能跟着奶奶往外面走。后来碰到一位路人，奶奶问："袁家弄10号往哪里走啊？"路人说："喏，往前面走，走到前面就行了。"心沂和奶奶沿着反方向走呀走呀，走到了九曲弄的最东边——西中街附近。"这里没有袁家弄呀。"奶奶显得有些着急，转头就问我："唉，老师，袁家弄10号是在哪里呀？""你问问心沂呀，心沂肯定知道的。"我对着心沂眨了眨眼睛，笑嘻嘻地说。"心沂说是在黑弄堂往里面走，要么我们去走走看。"奶奶半信半疑地带着心沂向黑弄堂走去。15分钟后奶奶和心沂来到了任务点，奶奶激动地说："老师，你知道吗？真的是在黑弄堂柳家弄那里穿过去呀！走出那条黑弄堂才找到的，我们心沂带我去的是对的喏。"奶奶一脸骄傲。"是吧，奶奶，我们还是要相信宝宝呀。"我笑着对奶奶说。

孩子和家长们行走在弄堂间,沉浸在识地图、数弯弯、找门牌的探索与快乐中。在孩子灿烂的笑容和家长惊喜与赞赏的表情中,我看到了孩子们满满的收获,更看到了家长们深度认识这个生活了数十载的江南小镇后的幸福感。

尾声

"弄堂弯弯乐"起源于孩子们生活中发现的门牌,却并不止于门牌。孩子们从尝试识别幼儿园的门牌、寻找九曲弄起,就开始了无尽的探索:他们在识门牌、推测门牌中感受数学的有用和有趣;他们在识弄堂、找弯弯的游戏中,真切地感受弄堂弯弯曲曲、明暗交错的空间特点;他们画标志、说地图、定规则,为亲子弯弯游戏做准备,带着家人数弯弯、画个数、找门牌,成功开展"弄堂弯弯乐"的亲子游戏。他们以经验做船、以实践为帆,在探索中寻得弄堂的秘密、了解家乡的美好。不经意间,孩子们主导课程的同时也逐渐养成了不怕困难、敢于探究、乐于思考、坚持不懈的美好品质。同时,我们也在思考,在为幼儿双手贴标志辨别方向、找弄堂、说地图等环节中所积累的经验又将激发幼儿怎样的探索呢?我们期待着孩子们更精彩的表现。

(苏州市吴江区芦墟幼儿园 钱丹凤)

后 记

构建适合儿童发展的学前教育课程并努力落实，是实现幼儿园培养目标的重要途径，也是贯彻落实《3—6岁儿童学习与发展指南》的重要途径，更是实现学前教育高质量发展的重要途径。

"什么是幼儿园课程？""幼儿园课程在哪里？""如何追随儿童的兴趣设计课程？""如何将身边的资源开发成为促进幼儿发展、让幼儿获得有益经验的活动？"这些一直是幼儿园老师们面临的问题和挑战。吴江区各幼儿园根据自身实际情况，开启了园本提升、内涵发展、课程建设的实践探索征程。

十年课程实践，得到了广大幼儿园老师、家长、领导、专家等的关心和支持。十年来，吴江区绘制了幼儿园课程改革蓝图，组建了"学前教育发展共同体"，成立了省内外专家指导团队。在专家沉浸式、伴随式、持续性的指导下，各种问题逐渐有了答案，困惑渐次解开，幼儿园找到了从身边资源入手，追随幼儿兴趣，开展多样化活动，助力幼儿积累有益经验，促进幼儿全面发展的课程建构路径，并在国家级、省级、市级的教学成果奖评选中频频获奖。

本套丛书是吴江区各幼儿园课程探索的缩影，共十三册，分别由吴江区鲈乡幼儿园鲈乡园区、鲈乡幼儿园越秀园区、平望幼儿园、盛泽实验幼儿园、芦墟幼儿园、黎里幼儿园、梅堰幼儿园、铜罗幼儿园、青云幼儿园、桃源幼儿园、北厍幼儿园、舜泽幼儿园、横扇幼儿园、八坼幼儿园这十四

所幼儿园合作编写。本套丛书从策划到呈现，离不开负责各册编写的幼儿园教师的实践智慧和无私分享，离不开吴江区其他幼儿园教师的支持和帮助，更离不开虞永平、张春霞、张晗、张斌、苗雪红、胡娟、杨梦萍等团队专家长期以来的精心指导和鼓励。在丛书编写过程中，苏州大学出版社的领导、编辑给予了老师们极大的肯定，虞永平教授更是在百忙中抽出时间为本套丛书作序，张春霞老师在编写中全程悉心指导，在此一并表示衷心的感谢！

生逢盛世，奋斗正当时。我们处在大有可为的新时代，在党的二十大精神指引下，吴江幼教人必将扬帆再起航，继续深耕幼教这块沃土，为实现学前教育高质量发展而努力前行！

钱月琴

2023 年 5 月